Angelicas Wunderwelt

Band 2

Für alle, die an Wunder glauben wollen.

Für Updates über die nächsten Bücher und ein exklusives Kapitel zum ersten Band, melde dich hier zu den Wunderbriefen an:
www.angelicas-wunderwelt.com

Angelicas Wunderwelt

– Vom Herzen geführt –

Wilfried Hajek

1.

Es ist ein gewöhnlicher Tag und das Universum beobachtet neugierig das Geschehen auf der Erde, während es darüber nachdenkt, wie es mit diesem Planeten wohl weitergehen wird.

Denn für das Universum sieht die Erdkugel heute zerbrechlich aus. Zerbrechlicher als es eigentlich der Fall sein sollte, wenn es um Trillionen Tonnen Gestein geht, welche seit Milliarden von Jahren existieren und bis zum heutigen Tag so manchen Zusammenstoß mit anderen Himmelskörpern überstanden haben.

Es zuckt mit den Schultern, denn derzeit ist es eher an den Bewohnern dieses Planeten interessiert, als an der Erde als Himmelskörper.

»Alles zu seiner Zeit«, murmelt es, und gleichzeitig scheint eine Spur Nervosität in der Aussage mitzuschwingen. Ein ungewöhnlicher Zustand für das

Universum. Doch wenn man als Existenz Alles und Nichts in jedem Moment ist, kann so etwas schon mal vorkommen.

Dabei ist der Grund für seine Nervosität vor allem eine außergewöhnliche junge Frau, die sich im Moment auf diesem lebhaften Planeten aufhält. Eine Frau, deren Seele sich vor langer Zeit die besondere Aufgabe ausgesucht hat, die Welt zu verändern. Das Universum beobachtet sie bereits länger und denkt öfters über sie nach:
Sie hat sich auf den Weg gemacht und bald ist es an der Zeit für ihren nächsten Entwicklungsschritt. Ich frage mich...

Bevor es den Gedanken zu Ende denken kann, erscheint mit einem *»Pling«* ein funkelndes, gläsernes Objekt. Das Stundenglas schwebt wenige Zentimeter über der Hand des Universums. Der goldene Sand, der im oberen Teil aufgehäuft ist, beginnt langsam und lautlos Korn für Korn nach unten zu rieseln.
»Schon wieder«, stellt das Universum kopfschüttelnd fest.

Bereits zum zweiten Mal zieht ein Stundenglas dieser Frau dessen Aufmerksamkeit auf sich.

Aber diesmal ist es anders.

*

Jene junge Frau, die das Interesse des Universums geweckt hat, bekommt von dessen Neugierde nichts mit. Sie sitzt am Hafen in Genua und blickt über das Meer, wo die letzten Strahlen der untergehenden Sonne die Erde küssen.

Sie hängt ihren Gedanken hinterher und erinnert sich an eine Aussage von Marlena, ihrer Freundin, die eine großartige Zauberin ist:

Die Sonne kann nicht sterben. Für sie ist der Untergang nur der Schritt in eine andere Welt.

Verträumt beobachtet sie eine Möwe, die über das offene Meer in den Sonnenuntergang fliegt. Das Wasser schimmert orange und sie lässt zufrieden ihre Beine vom Steg baumeln. Sie fragt sich, ob sie ebenfalls gerade auf dem Weg ist, in eine neue Welt einzutauchen, die ihr bisher verborgen blieb.

Dann taucht wieder ein Bild vor ihrem inneren Auge auf, das sich in den letzten Stunden immer öfters zeigte. Es handelt von einem alten, blinden Mann mit einer Gitarre, der mit dem Universum kommuniziert, indem seine

Finger sanft über die Saiten gleiten. Diese Bild löst Irritation in ihrem Kopf und Freude im Herzen aus.

Obwohl sie diesem Mann noch nie begegnet ist, wirkt diese Szene so real wie ihr Treffen mit Marlena vor einigen Wochen.

Ich muss ihn finden! Nur wie?

*

Langsam wendet sich das Universum von dieser Frau ab und schnippst grübelnd mit den Fingern. Es lauscht dem altvertrauten Rauschen.

Es ist kein einfaches Rauschen, es ist das Geräusch von vorbeifliegenden Korridoren, von denen jeder den Lebensweg eines Menschen symbolisiert.

Kaum wahrnehmbar bewegt sich die freie Hand, und schon verlangsamen sich die Gänge, bis ein Einzelner gesondert von den anderen direkt vor dem Universum zum Stehen kommt. Ein Messingschild hängt über dem Gang und es trägt einen Namen in geschwungenen Buchstaben:

Angelica

Heute gilt es, den Gang dieser Frau zu besuchen, deren Stundenglas wieder mal so plötzlich aufgetaucht war.

Wie schon einmal vor gar nicht allzu langer Zeit, zumindest im Verständnis der Menschen, spaziert das Universum langsam den Flur entlang. Es betrachtet die unendlich vielen Stundengläser, die sorgsam auf Holzregalen aufgereiht sind.
»Jedes davon eine Entscheidung, jedes davon ein besonderer Moment«, haucht es in die Stille.
Die Stimme ist kaum zu hören, denn das intensive Rieseln des Sandes in den unzähligen Stundengläsern ist ohrenbetäubend leise.

Das Licht, das durch das bunte Glas am Ende des Flurs fällt, lässt alles in den schönsten Farben des Regenbogens schillern.

Doch heute hat das Universum keine Augen für dieses eindrucksvolle Schauspiel, denn es ist auf der Suche nach etwas Ungewöhnlichem. Etwas, das erst durch eine ganz bestimmte Abwesenheit zum Besonderen wird.
Sind das nicht die schwierigsten Dinge, die es zu finden gilt?

Nahe am Boden entdeckt es die schmale Lücke zwischen all den sorgsam aufgereihten Sanduhren. Sie ist so unauffällig, dass man sie leicht übersehen könnte, und trotzdem ist sie vorhanden. Es schmunzelt das Stundenglas in der Hand an und richtet den Blick wieder zurück zur Lücke.

»Da kommst du also her.«

Es bückt sich und liest sorgsam die sanft geschwungenen Buchstaben auf der Goldplakette:

»Die Begegnung«

Aus einem Schmunzeln wird ein Lachen und dann ein zufriedener Ausruf: »Endlich!«

Es ist ein wenig über den eigenen Ausbruch überrascht, als es einen leisen Ton wahrnimmt. Interessiert hört es genauer hin, denn zu der Dimension, in der das Universum existiert, dringen nur ganz bestimmte Klänge durch.

Gleichzeitig verschwindet zitternd der farbendurchflutete Gang, in dem sich das Universum befand, als hätte er nie existiert.

Der nächste Ton erklingt.

Er ist lauter als der Vorherige. Das Universum beginnt, sich auf die Töne zu fokussieren, die sich immer mehr zu einer Melodie formen. Der Ursprung der Musik scheint weit entfernt und gleichzeitig ganz nah.

Die Melodie bahnt sich ihren eigenen Weg.

2.

Wie jeden Abend sitzt der alte, blinde Mann in sein Spiel vertieft am Meer, während die Wellen unablässig an den Strand spülen. Marius nennen ihn die, die ihn ab und zu besuchen. Denn mar heißt bei den Portugiesen das Meer, und der alte Mann und das Meer wirken unzertrennlich.

Die innige Verbindung zwischen den beiden ist bemerkenswert, denn Marius kann nicht schwimmen und so sollte er eigentlich Angst vor der unendlichen Kraft des Meeres haben.

Aber seine Finger gleiten entspannt über die Saiten der Gitarre, die auf seinen Oberschenkeln ruht. Er spielt nicht nach Noten, die man aus Notenbüchern kennt, das hat er nie getan. Seine Musik hat einen anderen Ursprung.

Marius kommuniziert über sein Instrument mit dem Universum. Bedacht sendet er seine Töne wie eine Frage in die Ferne und lauscht hingebungsvoll der Antwort. Wo andere Stille hören, spürt er die Reaktion des Universums. Denn er lässt die Klänge in der Sprache der Liebe erklingen. Und wenn Dinge in Liebe geschehen, kann das Universum gar nicht anders, als aufmerksam zuhören.

Marius hat von dieser Beziehung viel gelernt und wurde reich beschenkt. So hat der blinde Mann im Laufe der Jahre eine neue Fähigkeit vom Universum erhalten. Auf seine eigene Art und Weise sieht er mit dem Herzen wie andere mit den Augen. Es ist noch nicht lange her, da dachte er, ohne sein Augenlicht sei er Nichts, doch nun hat sich das geändert. Ähnlich wie Fledermäuse, die über den Schall ihre Umgebung wahrnehmen, kann er sein Umfeld mit seinem Herzen erspüren. Nicht nur Objekte sind von ihm wahrnehmbar, sondern auch Gefühle und Gedanken der Menschen. Und genau so zeigt ihm das Universum manchmal einen besonderen Pfad in der Dunkelheit, den er anders nicht gefunden hätte. Er gehört damit wohl zu den rätselhaften Mysterien, die vom Universum reich beschenkt wurden. Marius und das Meer sind einiges Unerklärliches gewohnt. Sie könnten darüber erzählen – aber sie schweigen beide –, denn wirkliche Wunder muss man erlebt haben, um sie zu glauben.

Gemächlich schwappt das Wasser Welle für Welle an den Strand, wie es das schon seit ewigen Zeiten macht. Unterdessen sind das Universum und Marius in ihre eigene Form der Unterhaltung versunken.

Nach einer Weile legt er seine Gitarre zur Seite, richtet sich mühsam auf und murmelt sich selbst zärtlich zu:

»Es ist so weit«

Der Satz wirkt als würde er einem kleinen Kind gute Nacht sagen.

Er schmeckt das Salz, lauscht den Geräuschen des Meeres, schließt die Augen und nimmt einen tiefen Atemzug. Dann kniet er sich hin und verbeugt sich vor der Welt. Er ist dankbar für jeden Moment, den er erleben durfte, auch wenn manche davon schwierig waren und er viele Dinge getan hat, die ihm später als Fehler erschienen.

Doch heute weiß er, dass alles kam, wie es kommen musste, dass jedes kleine Erlebnis zu einem großen Ganzen gehört. Wie bei einem Bild, dessen räumliche Tiefe nicht nur von den brillanten Farben stammt, sondern vor allem von den Schatten. Er ist in diesem Augenblick genauso glücklich, wie er es schon seit geraumer Zeit war. Weil er gelernt hat, dass das wahre Glück aus seinem Inneren kommt und keinen äußeren Grund braucht.

Langsam bahnt er sich Schritt für Schritt den Weg ins Meer. Mit jeder Vorwärtsbewegung in die Fluten, nehmen die Wellen etwas mehr von seinem Körper in Besitz. Je weiter er läuft, desto kälter wird es und umso heftiger werden die Wellen, die auf sein Vorhaben reagieren.

Der alte Mann mit dem weißen Haar geht unbeirrt vorwärts. Der Sand unter seinen Füßen führt ihn stetig in die Tiefe, und bald steht ihm das Wasser bis zum Hals. Trotz eines Lächelns auf den Lippen zögert er für einen Augenblick. Schließlich ist er so weit, den letzten Schritt zu tun, sich endgültig in die Umarmung des Meeres fallen zu lassen und sein Leben zu beenden.

Doch in diesem Moment ändert sich etwas im Gefüge der Welt. Mitten in der Bewegung hält er inne und setzt den Fuß wieder einen Schritt zurück statt vorwärts. Er kämpft kurz damit, sein Gleichgewicht wiederzuerlangen, um nicht in Panik zu verfallen und den Boden unter den Füßen zu verlieren. Denn plötzlich befällt ihn absurderweise die Angst um seine Existenz. Aber sie vergeht genauso schnell, wie sie gekommen ist.

Und so wie das Meer sich wieder beruhigt, verschwindet auch seine Panik.

*

Das Universum betrachtet Marius nachdenklich. Ihre Freundschaft währt schon länger. Es blickt auf den jahrelangen Weg zurück, den sie gemeinsam gegangen sind. Obwohl es anderen paradox erscheinen mag, dass Marius sein Leben beenden wollte, ist es für das Universum äußerst verständlich.

»Er ist zwar weise, aber nicht immer in allen Bereichen gleichermaßen. Es ist begreiflich, dass an ihm manchmal Zweifel nagen, ob seine Existenz sinnvoll ist, denn er weiß, dass er aus der unendlichen Liebe kommt und wieder dorthin gehen wird«, murmelt das Universum und erinnert den alten Mann an die nächste Aufgabe.

Auch wenn der Tod keine traurige Angelegenheit für das Universum ist, weil die Menschen danach wieder Teil des großen Ganzen werden, wäre es für Marius zu früh diesen Weg zu gehen.

»Seine Hilfe wird auf der Erde noch dringend benötigt.«

*

Der betagte Alte hält inne, und es beginnt etwas Neues in ihm zu schwingen – wie eine Stimmgabel, die von einer eigentümlichen Frequenz getroffen wurde.

Er lauscht.

»Wien?«

In seiner Stimme liegt Verwunderung. Selbst nach all den Jahren der tiefen Verbindung mit dem Universum ist er dennoch nicht vor dessen Überraschungen gefeit. Er dreht sich um und geht aus dem Wasser, zurück an den Strand. Stück für Stück geben die Wellen seinen Körper wieder frei. Als seine Füße trockenen Sand berühren, bückt er sich, um im Vorbeigehen seine Gitarre aufzulesen.

»Es scheint … als würde ich dich noch brauchen«, flüstert er.

Mit der Hand greift er zielsicher an den Hals des Instruments, obwohl seine Augen ihm schon lange nicht mehr helfen zu sehen, was um ihn herum passiert. Seine nackten Füße tragen ihn durch den warmen Sand, bis er an eine Straße kommt.

Langsam setzt er sich nieder, und das Wasser, das aus seinen Kleidern rinnt, sammelt sich am Boden. Es bleibt nur für eine kurze Weile sichtbar, denn es wird vom heißen Asphalt dankbar angenommen, der von der Hitze des Tages nach wie vor glüht.

Marius legt seine Finger erneut an die Saiten der Gitarre. Dort verharren sie, als müsste sich der alte Mann erst wieder an das Leben gewöhnen.

Anschließend fängt er zu spielen an.

Zuerst stockend, aber bald folgen die Töne flüssig aufeinander, und Marius lauscht hingebungsvoll den Antworten des Universums.

Als er die Botschaft entziffert, wächst sein Erstaunen immer mehr.

3.

In der Zwischenzeit unterbricht eine raue Stimme Angelica in ihren Überlegungen, wie sie den alten Mann finden kann.

»Solltest du nicht längst mit den anderen Passagieren verschwunden sein?!«

Angelica dreht sich lächelnd um und blickt in das kantige Gesicht eines Hafenarbeiters. Sie schätzt ihn auf etwa Mitte dreißig und gleichzeitig kann sie sich des Eindrucks nicht erwehren, dass er vorzeitig gealtert ist, während er mit dem rechten Fuß humpelnd und mit unfreundlichem Ausdruck auf sie zugeht.

Sie lässt sich ihre Irritation nicht anmerken und lacht stattdessen gut gelaunt auf.

»Stell dir einfach vor, ich wäre nicht mehr da, sondern bereits auf dem Weg in mein neues großartiges Leben.«

»Großartiges Leben, hm, klar! Und wie darf ich mir das vorstellen?«

Die Belustigung in der Stimme des Matrosen ist deutlich herauszuhören.

Angelica verstummt, als ihr bewusst wird, dass sie keine Ahnung hat, was ihre Aussage konkret bedeutet, und sie darum keine passende Antwort auf die Frage des Hafenarbeiters im blauen Overall parat hat. Stattdessen antwortet sie:

»Ich gehe nach Lissabon, um dort einen alten blinden Mann zu suchen!", laut ausgesprochen klang das sogar in ihren Ohren seltsam.

»Ach", sichtlich überrascht hakt er nach, „Wieso suchst du junges Ding einen alten blinden Mann?"

»Er ist außergewöhnlich!", stellt Angelica fest.

»Außergewöhnlich, hm? Hast du nichts anderes zu tun, als alten blinden Männern hinterherzujagen? Keine Arbeit, zu der du zurückmusst oder jemanden, der auf dich wartet?«

*

»Oh, oh«, kommt es über die Lippen des Universums. Es betrachtet die beiden aufmerksam. Der raubeinige Genosse scheint nicht der passende Gesprächspartner zu sein, um Angelica für ihre nächste bedeutsame Entscheidung Mut zu machen.

Doch sie kann aus jeder Begegnung lernen, auch wenn das am Anfang vielleicht nicht immer gleich offensichtlich ist.

Deshalb will es Angelica einen Funken Zuversicht und Vertrauen schicken, den es vor sich entstehen lässt. Als es Luft holt, um den Funken in Richtung Angelica zu pusten, spürt es, wie ihr Herz die Hände in die Seiten stemmt und es frech anblinzelt.

»Wir schaffen das schon!«

Schmunzelnd lässt das Universum den kleinen Lichtblitz verpuffen und lehnt sich zurück. Es lässt seinen Blick über die Szenerie wandern.

»Menschen wie Angelica wollen Vieles ohne Unterstützung schaffen.«

Es grinst.

*

»Es gibt Wichtigeres im Leben! Ich habe einen Plan.« hört Angelica sich selbst überraschend überzeugt sagen.

»Einen alten blinden Mann finden ist dein Plan? Ist das dein Ernst?«, kommt gleich darauf die erstaunte Antwort zurück.

»JA! Er hat die Fähigkeit die Herzen der Menschen zu öffnen. Und außerdem habe ich Bedeutsames gefühlt!«.

»Aha", verdutzt von dieser Antwort kratzt sich der Hafenarbeiter am Kinn, bevor er weiterspricht, »klingt jetzt weder nach einem wirklich tollen Plan, noch nach guten Gründen dafür.«

Angelica verdreht genervt die Augen von der unerfreulichen Unterhaltung.

»Was geht dich das an? Du kennst mich nicht, also kann es dir letztendlich egal sein, was ich mache oder nicht.«

Der Mann wirft einen Blick auf das Meer. Als er sich wieder Angelica zuwendet, ist nichts mehr von der Belustigung oder dem Sarkasmus zu sehen. Er sieht auf einmal ernster aus.

»Definitiv. Dein Plan hat mich nur gerade an Etwas erinnert. An einen meiner tollen Pläne oder wie ich es mittlerweile nenne: einen meiner größeren Fehler.«

»Worauf willst du hinaus?«

In dem Moment stiehlt sich ein kleines Lächeln auf das Gesicht des Hafenarbeiters. Er setzt sich zu Angelica auf den Boden und spuckt eine graue Masse in hohem Bogen ins Meer, auf der er anscheinend gerade noch herumgekaut hat, statt zu antworten.

»Was willst du sagen?«, fragt sie ungeduldig nach.

»Weißt du, ich dachte auch mal, es gibt mehr im Leben und hatte einen tollen Plan, es zu finden. Zumindest glaubte ich das. Ich habe also versucht, aus der Normalität auszubüxen und bin scheinbar wichtigeren Dingen hinterhergelaufen. Und schau, wo ich gelandet bin.«

»Hm, was meinst du denn damit?«, hakt Angelica nach.

Der Hafenarbeiter macht eine ausholende Geste, die den Hafen umschließt.

»Sagen wir mal so, ich hätt' eher gedacht, dass ich jetzt auf 'ner Südseeinsel wär' mit dem entsprechenden Schatz dazu, der dort natürlich versteckt sein sollte.« Er lacht prustend und verschluckt sich prompt, was zu einem heftigen Hustenanfall führt.

Angelica klopft ihm auf den Rücken, bis er sich wieder beruhigt.

»Naja, dass ich nicht auf einer Südseeinsel bin, ist die eine Sache. Dass ich früher ein ganz gutes Verhältnis mit meiner Familie hatte, die andere. Leider habe ich die gekränkt, weil ich ohne ein Wort zu sagen aufgebrochen bin«, sagt er in einem nachdenklichen Tonfall und fügt hinzu. »Aber immerhin, ich bin am Meer, wenn auch ohne Schatz.«

So ganz begeistert scheint er davon nicht zu sein, überlegt Angelica.

Angelica denkt an ihre Eltern die zu Hause auf sie warten, um mit ihr eine Entscheidung bezüglich ihres Studiums zu treffen. Sie nickt langsam.

»Meine Eltern«, murmelt sie nachdenklich.
»Die wissen Bescheid, was du vorhast, oder?«, hakt er nach.

Sie wären wenig begeistert von meiner Idee, den alten blinden Mann zu suchen.
Sie schweigt, während es ihr langsam dämmert, dass es noch etwas gibt, das darauf wartet, von ihr erledigt zu werden, bevor es losgeht.

»Weißt du, wenn man etwas älter wird, fängt man an, die Dinge aus einer anderen Perspektive zu sehen«, er seufzt. »Ich hätte zum Beispiel nie gedacht, dass ich gerne ein innigeres Verhältnis zu meinen Eltern haben würde.«

Bei diesem Satz wird Angelica unbehaglich, doch ihr Herz wartet zuversichtlich ab, wie sich die Dinge entwickeln.

»Aber es kann doch nicht sein, dass nur wenn ich nicht den normalen Weg gehe, meine Eltern nicht mehr mit mir reden oder?", fragt Angelica zögerlich nach.

»Puh, du stellst Fragen. Weißt du, ich vermute, fast alle Eltern ticken ähnlich. Sie wüssten einfach gerne, dass es einem gut geht und hätten gerne ab und zu ein Update.«

Er macht eine Pause und erkundigt sich anschließend:

»Aber das Problem mit deinen Eltern hast du sicher nicht, weil sie über deinen Plan Bescheid wissen, nicht wahr?«

Angelica enthält sich der Antwort und blickt verlegen zu Seite.

»Dachte ich mir«, dann steht der Hafenarbeiter langsam auf. »Ach, ist eh dein Leben und nicht meins.«

Er holt eine Dose aus der Tasche und verteilt Kautabak mit den Fingern über seinen Zähnen und beginnt sich langsam humpelnd aus dem Staub zu machen. Für ihn scheint das Gespräch beendet zu sein.

*

Das Herz schließt die Augen und breitet sich in Angelica aus. Es versucht die Worte »Hör auf ihn« durch ihren Körper zu senden.

*

Angelica nickt, ohne dass es ihr wirklich bewusst ist.
Vielleicht war da was dran, was der Typ gesagt hat.

»Hey, danke«, ruft sie ihm hinterher.

Er bleibt stehen und als er sich umdreht, hat er ein Grinsen im Gesicht.

»Danke nicht mir, danke dir, sobald du das Richtige tust.«

Dann macht er sich hustend auf und davon, während Angelica ihm eine Zeit lang grübelnd hinterhersieht. Schließlich trifft sie einen Entschluss:

Zeit, meine Familie über mein neues Abenteuer aufzuklären.

Sie greift in ihren Rucksack, kramt das Handy heraus und schaltet es ein. Eine Weile vibriert es und gibt verschiedenste Geräusche von sich, die Angelica bewusst ignoriert.

»Später«, sagt sie zu sich selbst und wartet geduldig. Als es wieder still geworden ist, wählt sie ihre Mutter aus den Kontakten aus.

Wie soll ich nur erklären, dass ich noch nicht nach Hause kommen kann?

Zweifel machen sich in ihr breit, doch sie lässt sich nicht davon einnehmen. Stattdessen sammelt sie ihren ganzen Mut, atmet tief durch und drückt anschließend entschlossen auf die grüne Anruftaste.

*

»Gut so«, flüstert ihr Herz zufrieden.

*

Das Telefon klingelt und ihr ist, als würde es eine Ewigkeit dauern, aber dann hört sie die Stimme ihrer Mutter.

»Hallo?«

Angelicas Atem stockt. *Wie sage ich das jetzt nur?*

»Hallo? Ist da wer?«

Angelica nimmt all ihre Willenskraft zusammen und murmelt:

»Hallo ... Hallo Mama.«

»Angelica? Bist du das? Carlos, bitte komm schnell! Es ist unsere Tochter!«

Sie hört Geraschel, als sich ihre Eltern zusammen vor das Telefon drängen.

»Wo bist du?«, will ihre Mutter Renate aufgeregt und etwas besorgt wissen.

»Wie geht es dir? Ist alles in Ordnung? Brauchst du was?«

Das Stakkato an Fragen, das über sie hereinbricht, lässt Angelica lächeln. Ein Gefühl von tiefer Liebe beginnt sich in ihr auszubreiten. *Eigentlich wollen sie ja nur das Beste für mich ... auch wenn wir nicht immer einer Meinung sind.*

»Ich ... ich habe gerade wieder in Genua angelegt ... Es geht mir gut«, bringt sie endlich hervor.

»Das ist herrlich zu hören! Wann kommst du nach Hause, mein Kind? Wir freuen uns auf dich. In der Zwischenzeit haben wir überlegt, welche Studiengänge für dich eine Option wären. Aber das können wir ja dann besprechen«

Gaaaanz falsche Richtung stellt Angelica entschlossen fest.

Sie schüttelt den Kopf.

»Ich ...«

Mist, sie haben ihre Meinung nicht geändert und wollen, dass ich schnellstmöglich wieder zurückkehre. Aber ich werde sie vermutlich enttäuschen müssen.

Angelica hat keine Ahnung, wie und warum, aber sie ist sich sicher, den alten Mann finden zu müssen, und wenn man sich so sicher ist, dann wird sich bestimmt ein Weg auftun.

Zumindest hoffe ich das.

Sie denkt an das kleine Mädchen mit den blonden Zöpfen und seine Aussage:

Höre niemals auf zu wünschen, denn wie sonst soll das Universum wissen, was du wirklich willst?

Na gut.

Angelica schließt die Augen.

Ich wünsche mir ... vom Universum oder sonst was ... eine gute Lösung für diese Sache mit meinen Eltern.

*

Echt jetzt – Wünsche vom Universum?, begehrt ihr Kopf entsetzt auf. *Ja, echt jetzt!*, entgegnet ihr Herz zufrieden.

*

»Ja? Wann kommst du nach Hause?« Die Stimme ihrer Mutter holt sie in die Realität zurück.

»Ich …«, beginnt Angelica und hat plötzlich eine Eingebung.

»Mama, weißt du noch? Das Buch, das du mir gegeben hast? Auf Seite … vier?«

Woher kam das gerade?, fragt sich Angelica, während sich Schweigen am anderen Ende der Leitung breit macht und Angelica auf eine Antwort wartet.

Im nächsten Moment hört sie ihren Vater:

»Welches Buch?«

Mist, das war anders geplant!

Aber Renate scheint ihn dankenswerterweise zu ignorieren und spricht seufzend zu Angelica:

»Das verdammte Buch … ich wusste … ich hätte es dir nicht geben sollen.«

Nach einigen erneuten Sekunden der Stille hört Angelica die Worte ihrer Mutter, als kämen sie von weit weg:

»›Du musst wissen, was du willst, und wenn es im Einklang mit dem Universum ist, dann wird es funktionieren‹ oder so ähnlich. Richtig?«

Was geht hier eigentlich ab?, wundert sie sich über ihre Eingebung und die Entwicklung, die das Telefongespräch nimmt. Sie beschließt aufs Ganze zu gehen.
»Ja, genau. Ich muss unbedingt nach Lissabon ... Danach komme ich zurück. Ganz bestimmt!«
»Aber, Angelica ...«, setzt ihr Vater an, aber ihre Mutter unterbricht ihn, um dann selbst zu verstummen. Kurz lauscht Angelica stürmischem Gemurmel am anderen Ende der Leitung und dann wieder einer Stille, die sich endlos anfühlt. Schließlich dringt die ungewöhnlich zaghafte Stimme ihrer Mutter zu ihr:
»Ist bei dir alles gut, Angelica?«
Sie lacht erleichtert auf.
Die kritische Phase scheint vorbei zu sein.
»Irgendwie schon ...«, antwortet sie.

*

Bist du dir wirklich sicher?, fragt ihr Kopf.

*

Sie versucht, den unliebsamen Gedanken zu verscheuchen.

»Pass auf dich auf ... Dieses Buch ist ... eigen«, fügt Renate zögernd hinzu.

»Keine Sorge, ich glaube, ich weiß, was ich tue.«

»Irgendwer muss mir mal erklären, was hier vor sich geht.« Ihr Vater ringt hörbar um Fassung.

Doch weder ihre Mutter noch Angelica haben offenbar Interesse daran, es ihm zu erklären. Erneut entsteht eine eigenartige Stille.

Schließlich scheint sich Renate etwas gefangen zu haben und nimmt das Gespräch mit Angelica wieder auf:

»Können wir dir helfen?«

Sie denkt nach:

Wenn ich selbst sicher wäre, was ich hier tue, dann vielleicht, aber auch dann wahrscheinlich nicht wirklich.

»Nein. Es ist, wie Papa vor meiner Reise gesagt hat. Ich bin langsam alt genug, um meine eigenen Entscheidungen zu treffen und die Verantwortung dafür zu tragen ... hoffe ich zumindest.«

Ihre Mutter schnauft, bevor sie entspannter hinterhersetzt:

»Wir haben dich lieb. Pass auf dich auf und melde dich, wenn du doch etwas brauchst!«

Angelica verspricht es den beiden und legt nach kurzer Verabschiedung auf. Der riesige Stein, der ihr in diesem

Moment vom Herzen fällt, wird von einem tiefen Seufzer der Erleichterung begleitet.

»Das war der schwierigste Teil«, murmelt sie.

*

Allerdings meldet sich sarkastisch ihr Kopf zu Wort:

Logisch, jetzt musst du nur noch nach Portugal fliegen und einen völlig unbekannten Mann in einer Großstadt wie Lissabon suchen. An einem Strand, von dem du keine Ahnung hast, wie er heißt und wo genau er sich befindet. Absolutes Kinderspiel!

*

»Puh«, stößt sie etwas verunsichert aus, als ihr das Ausmaß ihres Plans bewusst wird, und sieht dabei in den Himmel, als könnte er ihr sagen, an welchem Strand sie den alten Mann mit der Gitarre findet.

In diesem Moment hebt eine Möwe von einem der unzähligen Containerschiffe ab, schnappt nach einem Päckchen, das auf einem der Schiffe in Zeitungspapier eingewickelt ist, um anschließend zurück an den Pier zu fliegen.

Anfangs wirkt es, als würde sie weit an Angelica vorbeisegeln, doch dann legt sich der Vogel plötzlich in eine scharfe Kurve und flitzt knapp an Angelicas Körper vorbei.

»Hey!«

Verdutzt stolpert sie einen Schritt nach hinten und beobachtet argwöhnisch die Möwe, die nach dem seltsamen Flugmanöver direkt neben ihr landet. Diese beachtet sie nicht weiter und macht sich stattdessen über das in Zeitungspapier eingewickelte Brötchen her. Es war ursprünglich wohl die Zwischenmahlzeit eines Matrosen, bevor es den Besitzer gewechselt hat.

Wünsche ans Universum. Angelica schüttelt verwundert über sich den Kopf, nachdem sie sich wieder gefasst hat, und wendet sich von dem Tier ab.

Eher findet man seltsame Möwen, die einen umfliegen, als Antworten vom Universum, die vom Himmel fallen.

»Kraah!«

Angelica dreht sich um und blickt zu dem Vogel, der sie auf einmal mit schief gelegtem Kopf zu betrachten scheint.

»Klar, du bist ein Bote des Universums, oder?«, fragt Angelica sarkastisch und fühlt sich gleich komisch, weil sie mit einer Möwe spricht. Die bleibt wenig überraschend stumm und schnappt wieder nach ihrer Mahlzeit. Angelica lächelt über sich selbst.

»Als würde ein Vogel was vom Universum verstehen.«, sagt sie achselzuckend und dreht sich um.

„Wie komme ich jetzt nur nach Lissabon?", grübelt sie laut vor sich hin.

»Kraaah, Kraaah, Kraaah!«

Der Vogel schnappt sich einen der restlichen Fetzen Zeitungspapier und fliegt tief über ihren Kopf, wo er sein Mitbringsel fallen lässt. Doch diesmal ist sie es, die den Vogel ignoriert.

*

»Schade«, stellt das Universum fest, während neben Angelica der Fetzen Papier mit einer Abbildung des Wiener Stephansdom dicht an ihr vorbeisegelt. »Vielleicht hätte ihr dieser Hinweis weitergeholfen. Aber manchmal übersieht man die Zeichen in der Umgebung.«, murmelt das Universum und stützt seinen Kopf auf die Hände, in gespannter Erwartung zu erfahren, wie sich die Geschichte weiter entfalten wird.

4.

Angelica betrachtet die Anzeigetafel vor ihr: München, Rom, Madrid und London.

Der Flughafen ist wie ein Portal zu so vielen Orten der Welt, stellt sie begeistert fest.

Und diesmal wird mich dieses Portal nach Lissabon bringen!

Der alte Mann ... Irgendwie ist es verrückt, sich auf die Suche nach ihm zu machen.

Mehr als ein Sehnen in ihrem Herzen und einige verrückte »Tagträumereien« hat sie nicht als Begründung anzubieten.

*

Vertrau mir, flüstert das Herz.

*

Nicht mehr als eine Ahnung dieser Worte kommt in Angelicas Kopf an. Und auch wenn es ihr nicht bewusst ist, ist ihr nächster Gedanke eine Reaktion auf die Nachricht ihres Herzens.

Na klar, einfach vertrauen, denkt sich Angelica leicht irritiert, doch sie ist gewillt, der Idee eine Chance zu geben.

Entschlossen wendet sie den Blick von der Anzeigetafel ab und geht zu dem Schalter mit der leuchtenden Aufschrift »Tickets«.

*

Das Universum dreht sich schmunzelnd von Angelica weg. Es ist beeindruckt von ihrer Entscheidung, sich auf die Suche zu begeben.

Manchmal sind die Dinge realer, als sie erscheinen mögen, selbst wenn man noch so sehr daran zweifelt.

Es kneift ein Auge zu und betrachtet die Sandkörner des Stundenglases, die langsam nach unten sinken. Genau in diesem Moment leuchtet die Sanduhr geheimnisvoll auf. Ein Sandkorn verwandelt sich in einen Funken, zögert kurz und bricht dann von den anderen aus. Er umkreist das Glas zwei-, dreimal, als würde er sich von alten Freunden verabschieden, um anschließend flugs zu verschwinden, wie ein klitzekleiner Komet auf der Suche nach einer neuen Heimat.

Das Universum sieht erstaunt von der Sanduhr auf.
Die Veränderung bereitet sich vor.
Dann wendet es sich wieder dem Geschehen auf der Erde zu. Es ist gespannt, welche der vielen Zukunftsmöglichkeiten zur Realität wird.

Wie immer ist ihm die Zukunft nicht unbedingt bekannt, denn es kennt nur eine Reihe von Möglichkeiten. Auch wenn das Universum durch seine lange Erfahrung oft richtig liegt, wenn es darum geht, die Wahrscheinlichkeiten abzuschätzen.

5.

Noch immer sitzt Marius im Schneidersitz am Straßenrand und spielt auf seiner Gitarre. Sein Kopf ist zum Himmel erhoben und er scheint in seiner eigenen Welt zu sein, während sein Körper sanft vor sich hinschaukelt und seine Finger immer weiter Töne zum Universum senden. Von außen betrachtet strahlt er eine Ruhe aus, die eindrucksvoll ist, wenn man bedenkt, dass ein Auto nach dem anderen an ihm vorbeirauscht.

Doch dann durchbricht das plötzliche Geräusch quietschender Reifen die liebliche Melodie des alten Mannes.

Ein kleiner Bus hält direkt neben ihm. Marius wartet geduldig darauf, was als Nächstes passiert, während seine Finger weiterhin über die Saiten gleiten. Der Fahrer lässt das Fenster herunter, streicht sich die langen braunen Haare aus dem Gesicht und sieht dann den alten Mann verschmitzt an.

»Hey, mein alter Freund, wo willst du hin?«

Marius spielt leiser.

»Wien.«

Der Ausdruck seines Gegenübers wandelt sich in Verwunderung.

»Da hast du eine weite Reise vor dir.«

Er scheint nachzudenken, dann erhellt sich sein Gesicht.

»Könnte dein Glückstag sein ... ich fahre nach Paris.«

»Paris?«, fragt der alte Mann verwundert und hört zu spielen auf.

»Genau, das ist ein gutes Stück der Strecke und von dort aus kannst du ja sehen, wie du nach Wien gelangst. Na, was meinst du?«

Der Busfahrer verzieht seine Miene zu etwas, das er wohl für ein gewinnendes Lächeln hält.

Marius hat den Kopf leicht schief gelegt und lauscht. Er hört auf seine innere Stimme und auf die Resonanz jenseits des Wahrnehmbaren.

Schließlich nickt er.

Er steht schwerfällig auf, tastet mit zitternder Hand nach dem Griff der Autotür und verfehlt ihn.

Kurz verharrt er.

Er ist unruhig.
Ich war lange hier und schon fast ewig nirgendwo anders, stellt er ängstlich fest.

Es bestand keine Notwendigkeit, woanders hinzugehen, da er am Strand alles hatte, was er brauchte. Die Menschen, die in der Umgebung wohnten und dort ihre Lokale hatten, kannten ihn nur zu gut. Denn nach einer Begegnung mit Marius ging es ihnen immer besser und ihre Herzen waren erhellt. So hatte Marius immer genug zu essen, eine Dusche, einen Schlafplatz oder was er sonst benötigte – und er brauchte nie viel, denn die Kommunikation mit dem Universum versorgte ihn auf eigene Art und Weise.

Nun hat das Universum ihm eine überraschende Nachricht geschickt und zwar, dass er gebraucht wird. Deshalb macht er sich auf den Weg. Diese Veränderungen sorgen für Verunsicherung, selbst bei einem sonst sehr in sich ruhenden Mann wie ihm.

Er greift noch mal nach der Tür. Diesmal erwischen seine Finger den Griff und er öffnet sie. Mit einer nun ruhigeren Hand übergibt Marius seine Gitarre dem Fahrer. Dieser legt sie auf den Rücksitz, während sich Marius mühsam auf den Beifahrersitz hebt. Nachdem er die Tür geschlossen hat, richtet er den Kopf starr geradeaus.

Sein Begleiter startet den Wagen und beschleunigt.

Einige Minuten herrscht Stille, aber es dauert nicht lange, bis der Fahrer versucht, sich mit ihm zu unterhalten.

»Du bist ein seltsamer alter Kerl. Woher kommst du?«

Der alte Mann lächelt.

Er ist es nicht mehr gewohnt, viel mit Fremden zu sprechen. Das erschien ihm in den letzten Jahren kaum notwendig, weil er sich meistens ohne Worte oder durch seine Melodien mitteilte. Aber dann fällt ihm wieder ein, was man üblicherweise tut, wenn man als Anhalter mitgenommen wird.

Stimmt, man unterhält sich; und zwar nicht mit dem Herzen, sondern mit Worten. Manche Dinge habe ich tatsächlich vergessen.

Er schüttelt verwundert den Kopf.

Seltsam, dass manche Menschen oft viele Worte nutzen, obwohl sie so viel mit ihrem Herzen zu sagen vermögen.

Marius streckt die Hand aus und berührt sanft das Herz des Fahrers.

Der scheint irritiert, doch die Langsamkeit der Bewegung verhindert, dass er sich ernsthaft erschreckt. Als wäre die Geste zu zart, als dass sie bedrohlich sein könnte. Wie bei einem Schmetterling, der sich auf den Finger setzt und die Flügel langsam öffnet und schließt.

Nach einem kurzen Augenblick zieht der alte Mann seine Hand wieder zurück. Anschließend spricht er mit ruhiger Stimme:
»Dein Herz sehnt sich nach Liebe. Siehst du die Liebe nicht? Sie ist überall um dich herum. Schau auf die Straße, auf die Bäume, schau auf die Ampeln, auf die Menschen und auf die Tiere. Überall ist Liebe. Öffne dein Herz und fange an zu sehen.«

Dem Fahrer bleibt der Mund offen stehen und er sieht Marius kurz an, bevor ihn ein hupendes Auto wieder zurück auf die Straße holt. Etwas, das er sich nicht erklären kann, passiert in ihm und alles erscheint in einem neuen Licht.

Der alte Mann faltet die Hände ineinander und formt mit ihnen eine kleine Schale. Dann schließt er die Augen und beginnt gleichmäßig und tief zu atmen.
Wien. Seltsam ... warum nach so langer Zeit wieder nach Wien?

6.

Währenddessen hat sich Angelica dem Ticketschalter genähert, an dem eine ältere Frau in Uniform gelangweilt auf der Tastatur ihres Computers herumdrückt.

Als sie Angelica sieht, setzt sie ein berufsmäßiges Lächeln auf, das jedoch ihre Augen nicht zu erreichen scheint. Die bleiben ausdruckslos.

»Ciao, mein Name ist Annabelle. Willkommen am Flughafen von Genua, was kann ich für Sie tun?«

Das ist eine wirklich gute Frage ... Da gäbe es so einiges: Zum Beispiel mir dabei helfen, herauszufinden, wo der alte Mann in Lissabon ist. Aber sie vermutet, dass die Frau etwas anderes meinte.

»Hallo Annabelle, ich bin Angelica und brauche einen Flug nach Lissabon. So bald wie möglich«, sagt sie und lächelt warmherzig zurück.

Der Gesichtsausdruck der Ticketverkäuferin wirkt nach wie vor hölzern, als hätte sie zu oft in ihrem Leben eine scheinbar entgegenkommende Miene aufsetzen müssen, obwohl ihr nicht danach war. Sie nickt und beginnt wieder zu tippen.

Die Antwort fällt nicht sehr erfreulich aus, als sie wieder aufblickt:

»Ich befürchte, da haben Sie einen ungünstigen Zeitpunkt erwischt. Derzeit müssen Sie sich auf einige Tage Wartezeit einstellen. Wir haben eine Unwetterwarnung hereinbekommen, und da Ihr Flug über Amsterdam geht, wo anscheinend gerade eine größere Konferenz stattfindet ...« Sie macht eine Pause, bevor sie bedauernd fortfährt:

»... sieht es vor nächster Woche leider schlecht aus.«

Angelica ist wenig begeistert, ihr Kopf dagegen schon.

*

Ha! Siehst du – lass es lieber bleiben, stellt er zufrieden fest. *Geh besser nach Hause, wie du es deinen Eltern versprochen hast.*

*

Und jetzt? Angelica ignoriert ihren Kopf, doch der Hinweis auf ihre Eltern ist durchaus berechtigt.
Und Theos Nachprüfung, zu der ich ihn begleiten will!
Panik macht sich langsam in ihr breit.

*

Aber das Herz umarmt die Unsicherheit, statt sie zu bekämpfen, und damit wird die unangenehme Empfindung langsam weniger statt mehr, als wollte sie nur kurz bemerkt werden.

Dann schickt das Herz ein warmes Gefühl von Vertrauen, das sich in Angelica ausbreitet.
Gib nicht auf, es findet sich eine Lösung, ruft es Angelica zu.

*

»Sind Sie wirklich sicher, dass es keine frühere Möglichkeit gibt? Es handelt sich um eine Art Notfall«, versucht es Angelica.
Annabelle mustert sie merkwürdig.
Die fragt sich vermutlich, welche Art von Notfall eine junge Frau haben kann, der eine Fluglinie dazu bewegen sollte, ihr zu

helfen. Angelica schweigt, setzt zu sprechen an und stockt im Redefluss.

Wie erklärt man bitte eine Art Seelennotfall?

*

Offensichtlich kommt Angelica hier nicht weiter und so entscheidet sich ihr Herz, direkt ein Wort mit Annabelles Herz zu sprechen.

»Hallo, ist da wer?«, ruft es zur anderen Seite des Schalters hinüber, aber es erhält keine Antwort. Stattdessen spürt es eine Welle von unglaublicher Trauer und den Schmerz nicht gelebter Träume.

Dieses Herz wurde wohl lange nicht mehr berührt und glaubt vermutlich inzwischen, dass das Leben aus Einsamkeit und Dunkelheit besteht.

Das kann auf keinen Fall so bleiben, beschließt Angelicas Herz.

Alle Herzen stammen aus der Energie der Liebe und sind Gemeinschaftswesen. Sie mögen es nicht, wenn ihre Gefährten leiden, und sie haben meist mehr Mut, als man ihnen zutraut - besonders dieses Exemplar hier.

Es richtet sich auf, sammelt Mut und streckt achtsam einen Arm in Richtung der Dunkelheit aus, die von erschreckender Trauer und ungeliebtem Schmerz gekennzeichnet ist.

Seine Finger nähern sich seinem Gegenüber, als ein gelbes Licht zischend an seiner Hand vorbeifliegt. Es ist ein goldenes Sandkorn, das eine Art hellen glitzernden Schweif hinter sich herzieht, wie eine Sternschnuppe. Nachdem das Sandkorn einige Schleifen um die Hand des Herzens gemacht hat, taucht es in den Schmerz des gegenüberliegenden Herzens ein.

Angelicas Herz blickt verwundert dem hellen Funkeln hinterher und fragt:

»Was war das?«

Es lehnt sich weiter nach vorne, um besser erkennen zu können, was geschieht. Da taucht aus der bräunlichroten Wolke des Schmerzes zögerlich eine goldene Herzenshand auf, die sich auf die Hand von Angelicas Herz zubewegt. Sanft berühren sie sich, und es entsteht ein Funkeln zwischen den beiden Herzen, das sich stetig ausbreitet. Dort, wo gerade noch Dunkelheit herrschte, entsteht nun ein farbenerfülltes Licht.

*

Angelica bekommt davon nichts mit. Sie betrachtet Annabelle und glaubt in ihren Augen eine ausdruckslose

Leere zu entdecken. Sie hat das Gefühl, den dumpfen Blick eines Menschen wahrzunehmen, der aufgegeben hat und weder voller Zuversicht in die Zukunft noch verträumt in die Vergangenheit sieht.
Was soll ich tun?

Nach einigen Sekunden, in denen Angelica nichts außer das Pochen ihres Herzens wahrnimmt, hat sie den Eindruck, dass es zu ihr zu sprechen scheint. *Sag die Wahrheit*, will es ihr wohl sagen.
Verzagt wendet sich Angelica der Frau hinter dem Tresen zu, gibt sich einen Ruck und beginnt unsicher zu lächeln.
Sie holt tief Luft.
»Annabelle, können Sie mir kurz zuhören?«
Die Ticketverkäuferin nickt, auch wenn sie ansonsten kein weiteres Zeichen vom massiven Interesse zeigt.

Was habe ich zu verlieren?, fragt sich Angelica und legt los:
»Ich erzähle Ihnen eine Geschichte, die mir tatsächlich passiert ist. Vor nicht einmal zwei Wochen habe ich einen besonderen Menschen kennengelernt. Eine Zauberin, die mein Herz und das anderer Mitmenschen berührt hat. Ich hatte für einen kurzen Moment das unglaubliche Glück, gemeinsam mit ihr zu reisen. Aber leider ...«

Angelica sieht auf die Seite, als sie sich eine kleine Träne wegwischt und die Frau hinter dem Ticketschalter sie aufgrund dessen irritiert, fast verärgert anblickt. Beinahe will Angelica nicht weitersprechen.

*

Doch das Herz, beeindruckt von seinem Erlebnis mit Annabelles Herz, bemerkt in der Zwischenzeit etwas: Es erkennt, wie die dunkle Schale der Frau Risse bekommt. Das farbenfrohe Funkeln jenseits des menschlichen Wahrnehmungsbereichs beginnt zunehmend daraus hervorzuleuchten.

Jaaa! Es passiert was! Nicht aufgeben! Es breitet sich in Angelica aus und lässt seine unsichtbaren Kräfte fließen. Mitgefühl und Urvertrauen schickt es auf die Reise, um sich in Angelicas Körper durchzusetzen.

»Sprich weiter«, flüstert es ihr zu. »Vertrau mir!«

*

Angelica zögert kurz, dann spürt sie eine Wärme, die sie von ihrem Herzen aus einnimmt, und entschließt, ihre Rede fortzuführen, egal wie es ausgeht:

»Marlena, die Zauberin, ja ... leider haben sich unsere Wege zu früh getrennt. Aber sie hat mir etwas geschenkt:

eine wunderschöne Geschichte von einem alten Mann, der am Strand Gitarre spielt und voller Liebe mit dem Universum kommuniziert. Ich weiß, das klingt seltsam, aber wissen Sie, was noch eigenartiger ist? Dieser alte Mann befindet sich angeblich in Lissabon und mit nur einem einzigen Lied soll er bei meiner Freundin die Sehnsucht nach Freude und Liebe im Leben geweckt haben. Und das, obwohl sie bis dahin ständig nur Angst davor hatte, dass ihr jemand etwas von ihrem Reichtum wegnehmen könnte.«

Angelica lächelt bei dem Gedanken, während ihr gleichzeitig eine weitere Träne aus dem Auge fließt, weil sie Marlena vielleicht nie wiedersehen wird.

»Ich bin achtzehn und alle erwarten, dass ich mich entscheide, wer ich werden will, obwohl ich ehrlich gesagt keinen Plan habe, wie meine Zukunft aussehen soll. Aber glauben Sie mir, ich bin absolut davon überzeugt, dass ich diesen alten Mann finden muss.«
Sie hält inne und fügt leise hinzu:
»Und ich weiß nicht, wann ich mir das letzte Mal einer Sache so sicher war.«
Erstaunt über ihre eigene Offenheit sieht sie die Ticketverkäuferin eindringlich an.
»Vielleicht möchte ich ihn nur fragen, wie er zu seiner Gitarre kam. Oder herausfinden, wie lange er schon an

diesem Strand sitzt, oder ... Ich habe keinen konkreten Plan. Aber ich bin überzeugt, dass es an der Zeit ist, auf mein Herz zu hören und ihn zu finden.«

Angelica legt eine Hand auf ihr Herz, wie um sich zu vergewissern, dass es bei ihr ist. »Es sehnt sich danach, mit ihm zu sprechen.«

Dann klopft sie mit der Faust auf den Tisch und verblüfft sich mit diesem Gefühlsausdruck selbst:

»Und verdammt noch mal! Wissen Sie, wie das mit Herzen ist, die etwas ganz Bestimmtes wollen?«

Die Frau weicht zurück. Ihre Hand greift nach dem Telefon.

Na toll, jetzt will sie wahrscheinlich den Sicherheitsdienst rufen, weil sie mich für verrückt hält.

*

»Bist du das nicht?«, fragt ihr Kopf nach.

*

»Egal, bleib dran!«, ruft ihr Herz ihr zu, und hier hat es einfach recht.

*

Diesmal hat Angelica wirklich das Gefühl, ihr Herz als innere Stimme wahrzunehmen. Doch so schön das ist, ihre Kraft wird immer weniger. Denn es ist nicht einfach, seine Empfindungen so offen zu zeigen, wenn es nicht auf Zuspruch stößt und man es kaum gewohnt ist. Deshalb kommen die letzten Worte geflüstert über ihre Lippen, was ihnen auf eine seltsame Art und Weise zusätzliche Dringlichkeit verleiht:

»Diese Herzen ... sie geben nicht auf ... Nie! Zumindest dieses hier nicht!«

Mit einem Mal weicht ihr ganzer Elan von ihr.

Das war's, mehr gibt es nicht zu sagen.

Sie atmet tief durch, um sich zu fangen.

Die Frau am Ticketschalter scheint zu spüren, dass sich Angelica beruhigt hat und nimmt die Hand vom Telefon. Ansonsten bleibt ihr Gesichtsausdruck seltsam wächsern und unbeeindruckt von Angelicas Rede.

*

Und wofür war das jetzt gut?, ärgert sich Angelicas Kopf. *Sie hört wahrscheinlich andauernd tolle Ansprachen, warum jemand dringend wohin müsste.*

Auch wenn Angelicas Variante vermutlich außergewöhnlicher war als die anderen Vorträge, hat sie nicht die erwünschte Wirkung erzielt.

*

Wie konntest du wirklich denken, dass sich dadurch etwas ändert?, fragt sie sich langsam frustriert über sich selbst.

Doch als Angelica die Frau erneut ansieht, glaubt sie, dass sich ihre Augen ein Stück verändert haben. Es hat den Anschein als wäre ein winziges Funkeln in ihnen aufgetaucht.

*

Manchmal braucht es einfach eine Weile, bis die Herzensenergie nach außen durchdringt, stimmt das Herz Angelica zustimmend zu.

*

Annabelles Hand wandert weg vom Hörer und streicht wie zufällig kurz über ihr Herz, als wäre dort etwas passiert. Etwas, das neu für sie ist oder bei dem das letzte Mal schon so lange her ist, dass es sich zumindest neu und ungewohnt anfühlt. Ihr Blick wird weicher, und dann bekommt Angelica zu ihrer Überraschung eine Antwort auf ihre Ansprache.

»Irgendwann war ich mal wie du. Ich war jung und wusste nicht, was ich werden sollte ... aber ich redete mir ein, dass ich einen sicheren Job brauche, und mein

Umfeld bestätigte mich darin. Oder war es umgekehrt? Wie auch immer. Ich machte eine Ausbildung und nahm bald einen Job an, der sich anbot und mir langfristig die notwendige Stabilität versprach.«

Sie lässt den Blick über ihr Arbeitsumfeld schweifen, als nähme sie ihre Umgebung zum ersten Mal seit langer Zeit wieder bewusst wahr. Dann zuckt sie mit den Schultern.

»Mittlerweile sind Jahrzehnte vergangen und ich bin bis heute hier und das, obwohl ich andere Ambitionen hatte. Ich glaube, ich hätte das Talent gehabt, einer künstlerischen Tätigkeit nachzugehen … Ich war mal sehr gut im Zeichnen. Versteh mich nicht falsch, es ist ein guter Job, aber so wirklich Freude macht er mir nicht. Er passt nicht zu mir«, sagt sie traurig und fügt dann lächelnd an Angelica gewandt hinzu:

»Ich wünsche dir ehrlich aus ganzem Herzen, dass du es anders machst und deine Begabungen herausfindest, um eine Arbeit auszuüben, die dir gefällt.«

Sie nickt ihr zu, dann sieht sie wieder auf den Bildschirm und schüttelt bedauernd den Kopf.

»Aber so leid es mir tut, hierbei kann ich dir ernsthaft nicht helfen. Wir sind überbucht.«

Angelica überkommt ein tiefes Gefühl der Enttäuschung. Irgendwie hatte sie gehofft, durch ihre Offenheit ein Wunder zu vollbringen.

Schade, hat wohl nicht geklappt.

Niedergeschlagen greift Angelica nach ihren Sachen und schultert den Rucksack, um den Platz am Schalter zu räumen.

*

Das Universum betrachtet Angelica einfühlsam.

Sie glaubt noch zu sehr an direkte Ursache und Wirkung. Als müssten all ihre Handlungen gleich zu dem einen, von ihr gewünschten Ergebnis führen. Doch manchmal gibt es mehr – viel mehr was sich hinter dem Offensichtlichen abspielt.

Wie in diesem Fall.

Angelicas Rede hat der Frau am Schalter geholfen, ihr Herz ein Stück weit zu öffnen. Dadurch hat es den Weg für einen goldenen Funken der Veränderung frei gemacht, damit sie eine neue Richtung in ihrem Leben einschlagen kann. Das ist ein Wunder, das in Zukunft vieles bewirken kann, auch wenn es nicht die Art von Wunder war, die Angelica sich erhofft hat.

Es gibt immer eine Möglichkeit, wenn sie in diesen Flieger nach Amsterdam steigen möchte.

Für das Universum ist der freie Wille der Menschen ein hohes Gut und so legt es die eine Hand sanft über die andere, und nach wenigen Sekunden beginnt es zwischen den beiden zu leuchten.

»Hoffentlich verläufst du dich auf diesem Pfad nicht, Angelica«, murmelt es, bevor es die obere Hand hebt und die gerade entstandenen Funken in die Welt pustet. Diese suchen ihren Weg Richtung Angelica, einem unbekannten Fluggast und der Frau am Schalter.

*

»Warte mal.«, hört Angelica eine Stimme hinter sich und dreht sich verwundert um.

Die Ticketverkäuferin wirkt leicht irritiert, als sie auf ihren Bildschirm blickt.

»Vielleicht ist heute dein Glückstag.« Konzentriert arbeitet sie einige Minuten und wendet sich anschließend Angelica zu.

»Tatsächlich! Einer unserer Vielflieger hat gerade seinen Flug storniert.«

In Angelicas ganzem Körper breitet sich Freude aus und das ist deutlich zu sehen, denn sie fängt an zu grinsen wie ein Honigkuchenpferd.

»Wir haben einen Platz in der ersten Klasse für dich«, fügt ihr Gegenüber lächelnd hinzu.

Die erste Klasse? Das kann ich mir doch nie leisten.

In Angelica zieht sich plötzlich alles zusammen.

Wie gewonnen, so zerronnen.

»Was kostet das denn?«, fragt sie schüchtern.

Die Frau am Schalter betrachtet sie nachdenklich, scheint einen Entschluss zu fassen und widmet sich dann ihrem Rechner, ohne Angelica zu antworten. Nach einigen Minuten konzentriertem Tippen auf der Tastatur sieht sie auf und grinst zufrieden.

»Wie ich das sehe, ist das Ticket gerade in unser Last-Minute-Depot gerutscht – soll vorkommen.« Die Frau zwinkert ihr verschmitzt zu. »Hättest du denn Interesse an einem Erste-Klasse-Ticket für neunundneunzig Euro?«

Angelica bleibt der Mund offen, dann nickt sie stumm, denn ihr fehlen die Worte.

*

Das Universum schmunzelt.

Gut gemacht, man sollte die gewünschten Wunder annehmen, wenn sie geschehen.

*

Was ist hier gerade passiert? Angelica weiß nicht so recht, was sie sagen soll.

Die Frau will daraus offenbar keine große Sache machen, stellt das Ticket aus und reicht es ihr über den Tresen, nachdem es bezahlt wurde. Zum Abschied sieht sie Angelica freundlich an.

»Mach es besser, Kleine, hörst du?«

Dann wünscht sie ihr noch einen guten Flug. Angelica schnappt sich ihren Rucksack und verabschiedet sich schnell mit einem verlegen »Tschüss«.

Perplex dreht sie sich mit dem Ticket in der Hand um, auf der Suche nach ihrem Gate.

*

Moment! So einfach lässt ihr Herz Angelica nicht aus dieser Situation verschwinden. Es mag sein, dass dem Kopf die Worte fehlen, aber das Herz weiß, was zu tun ist. Die Augenblicke, in denen ein Herz wieder aus der Dunkelheit hervorkommt und sich einem anderen Herzen anvertraut, sind selten und das gilt es zu würdigen. Außerdem bekommt es mit, wie die Frau immer mehr Licht ausstrahlt.

Es atmet tief ein, breitet die Arme aus und lässt ein freudiges Gefühl durch Angelica strömen.

*

Angelica hat ihren Blick gerade auf die Anzeigetafel gerichtet, um ihre Flugnummer zu finden, als sie eine tiefe Dankbarkeit überkommt. Verblüfft bleibt sie stehen, dreht sich um und betrachtet Annabelle. Sie sieht den traurigen und gleichzeitig irgendwie erhellten Blick der Frau. Angelica lässt den Rucksack sinken, tut ein paar schnelle Schritte in Richtung Schalter, beugt sich über den Tresen und drückt die verdutzte Annabelle innig an sich. Zuerst verkrampft sich der Körper der älteren Frau, als wäre sie ewig nicht mehr umarmt worden, doch dann spürt Angelica, wie sich ihr Gegenüber entspannt und sie ebenfalls fest in die Arme schließt. Eine Träne landet auf ihrer Schulter.

»Geh und mach es schlauer!«, wiederholt Annabelle ihren Wunsch.

Angelica löst sich aus der Umarmung und nickt.

»Versprochen – vergiss du auch nicht, deine Träume zu leben!«, entgegnet sie und schaut ihr dabei fest in die Augen.

Ihre Blicke treffen sich. In diesem Moment sehen sich nicht beiläufig zwei Menschen an, sondern es begegnen sich zwei Herzen – sie brauchen nicht viele Worte, um sich gegenseitig zu verstehen.

»Versprochen«, murmelt die Frau. Angelica wendet sich ihrem Rucksack zu, wirft ihn erneut über die Schulter und entfernt sich glücklich winkend von der Frau am Ticketschalter.

Sie hat noch zwei Stunden Zeit, also macht sie es sich am Gate bequem. Verwundert betrachtet sie ihr Erste-Klasse-Ticket.
Und manchmal geschehen Wunder offensichtlich wirklich.

Da fällt ihr etwas ein. Sie greift in ihren Rucksack und holt das kleine Büchlein mit den goldenen Buchstaben heraus.

»Das Universum und ich – eine Liebesgeschichte« steht auf dem Einband.

Sie erinnert sich an die Worte, mit denen sie es von ihrer Mutter erhalten hat:
»Lies es nur Seite für Seite, niemals mehr! Manche Bücher ... wollen nicht anders gelesen werden.«
Bei ihrer Abreise hat sie diese Aussage nicht verstanden. Im Laufe der letzten Wochen konnte sie dafür zusehends mehr Verständnis aufbringen.
»Ich habe es nie bis zum Ende geschafft«, hat sie ihr damals gesagt und langsam wird Angelica klar, warum: *Dieses Buch scheint eine Art Reise zu sein. Eine Reise, die mit einem selbst beginnt. Die Frage ist nur, wo sie endet.*
Neugierig und wesentlich respektvoller als früher schlägt sie es auf. *Was ich heute darin finde?*

*Die Wege des Universums
sind verschlungen.*

*Manche Dinge brauchen ihre Zeit,
andere ihre Umwege.*

*Und manche Dinge geschehen auf dem direkten Weg
schneller, als wir es uns je vorgestellt haben.*

*Somit besteht die einzige Möglichkeit darin,
unseren Lebensweg zu genießen,
loszulassen und das Beste zu hoffen.*

Angelica muss lächeln. Vielleicht sollte sie in der Tat aufhören, andauernd die Ereignisse rund um sich verstehen zu wollen, und einfach das Leben genießen. Ein Erste-Klasse-Ticket aus heiterem Himmel ist nicht nur ein guter Grund loszulassen, sondern ein guter Start, um das Leben zu genießen.

*

In der Zwischenzeit macht Annabelle Feierabend und übergibt den Computer an ihre Kollegin.

»Und, wie war's bis jetzt?«, fragt die Ablösung gelangweilt.

»Irgendwie anders als sonst. Da war eine junge Frau ...«, antwortet Annabelle grübelnd und hört mitten im Satz auf, weiter zu sprechen, weil ihr klar wird, dass sich ihre Kollegin schon nicht mehr für diese Unterhaltung interessiert. Stattdessen loggt sie sich in den Computer ein, um mit der Arbeit zu beginnen, und ignoriert Annabelle.

Diese greift nach ihrer Handtasche und begibt sich zum Zug. Die ganze Heimfahrt über ist sie tief in Gedanken versunken. Zu Hause angekommen tritt sie auf den kleinen Balkon, der zu ihrer Wohnung gehört. Dort legt sie ihre Tasche ab und setzt sich auf den Liegestuhl aus Holz. Lange sitzt sie regungslos da, bis ihr letztlich die Tränen kommen.

Tränen, die jahrelang zurückgehalten wurden und nun ohne Unterlass laufen dürfen. Mit ihnen verbunden ist ein Abschied von ihrem alten Lebensweg und das Leuchten einer neuen Reise. Einem Weg voller Pinsel, Farben und Leinwänden, der eher dem entspricht, was sie früher werden wollte, bevor sie sich für ein Job bei einem Flugunternehmen entschieden hat, der nicht zu ihr passte.

*

Angelicas Flug wird aufgerufen. Anders als sonst ist sie eine der Ersten, die an Bord gehen dürfen, und macht es sich in der ersten Klasse bequem. Am Anfang sehen die Stewardessen sie skeptisch an. Ihr abgewetzter und verstaubter Rucksack scheint nicht hierher zu passen, aber dann behandeln sie ihren ungewöhnlichen Gast wie alle Erste-Klasse-Passagiere – zuvorkommend und höflich.

Angelica genießt diesen Luxus in vollen Zügen. Es gibt ausgezeichnetes Essen und die Zeit vergeht schnell, wie bei einem guten Film. Auch die einen oder anderen Turbulenzen konnte sie dank des Komforts der ersten Klasse besser wegstecken als sonst. Bald setzen sie zur Landung an. Doch dann geschieht etwas eher Ungewohntes.

Sie sieht wie eine Stewardess zum Hörer für die Flugzeugdurchsagen eilt. Kurz darauf erklingt ihre Stimme gestresst:
»Meine Damen und Herren, es könnte … ein paar weitere Turbulenzen geben. Bitte bewahren Sie Ruhe …«
Die Durchsage wird unterbrochen, als sie plötzlich in ein Luftloch geraten und gefühlt mehrere Meter tiefer wieder hart auf einer Luftschicht auftreffen. Anstelle der Stewardess hört Angelica den überraschten Ausruf

einiger Passagiere und gleich darauf erneut die Worte der Frau am vorderen Ende der Kabine:

»Bleiben Sie bitte angeschnallt, bis wir gelandet – Ja, Sir, bitte auch Sie! – und die Anschnallzeichen über Ihnen erloschen sind. Vielen Dank!« Nachdem sie aufgelegt hat, sieht Angelica, wie hastig sie zu ihrem Sitz hinter den Toiletten huscht und sich anschnallt.

»Na, das wird ja heiter werden«, murmelt Angelica und schon geht es los: Das Flugzeug wird von links nach rechts geschüttelt, als wäre es ein Spielzeug in der Hand eines kleinen Kindes.

Ich hab einfach zu wenig erlebt, als dass dieser Flug das Ende sein kann!, stellt Angelicas verzweifelt fest, als sich ihre Fingernägel in die Armlehnen des Sitzes krallen.

Doch der Pilot versteht sein Handwerk und schafft es, trotz stürmischer Seitenwinde inmitten von Regen und Gewitter sicher zu landen, wenn auch gerade so. Als die Reifen den Boden berühren und das Flugzeug wieder Stabilität erlangt, ist in der ganzen Kabine erleichtertes Seufzen zu hören, gefolgt vom Klatschen und vereinzelten Jubelschreien. Gleich darauf erklingt die nächste Durchsage:

»Meine Damen und Herren, willkommen in Amsterdam. Ich hoffe, Sie haben den Flug mit uns, ähm, genossen.« Selbst der Stewardess scheint der einstudierte Text nicht ganz leicht zu fallen.

»Leider habe ich schlechte Neuigkeiten bezüglich ihrer Anschlussflüge.«

Erneut geht ein Seufzen durch die Kabine, diesmal klingt es eher frustriert. Die aufgeregten Äußerungen der Passagiere lassen darauf schließen, dass die ersten von ihnen beginnen, sich diverse Horrorszenarien hinsichtlich ihrer anschließenden Weiterreisemöglichkeiten auszumalen.

»Aufgrund von wetterbedingten Störungen darf heute kein Flieger mehr starten. Sie müssen vorerst in Amsterdam bleiben. Bitte wenden Sie sich an den Schalter der Fluggesellschaft für weitere Informationen.«

Wütende Ausrufe sind zu hören. Angelica ist enttäuscht.
Dabei hatte ich so Glück mit dem Ticket. Ich dachte, jetzt würde alles wie geschmiert laufen und ich könnte heute Abend damit anfangen, den alten Mann in Lissabon aufzuspüren.
Der restliche Weg wird wohl schwieriger als geplant.

Nach der Landung begibt sie sich mit den anderen Passagieren zum Informationsschalter. Dort hat sich längst eine endlos scheinende Schlange gebildet. Darum beschließt sie, sich erst mal etwas zu trinken zu holen, und stellt sich hinterher ans Ende der Reihe. Die Menschen um sie herum sind unruhig und die Frustration liegt nahezu greifbar in der Luft.

Angelica legt ihren Rucksack auf den Boden und macht es sich darauf bequem.
Alle wollen woanders sein. Haben geschäftliche oder familiäre Verpflichtungen, die sie nicht mehr erfüllen können.
Sie nimmt einen Schluck von ihrem Wasser und hört den erregten Gesprächen der aufgewühlten Leute zu.
»Dass die hier nichts tun?!«
»Wegen dieses kleinen Unwetters gleich so einen Aufstand zu machen! Unfassbar!«

Angelica sieht nach draußen. Heftige Sturmböen knallen gegen die Glasfronten des Flughafens und bringen die Scheiben zum Vibrieren. Die Flügel der Flugzeuge biegen sich unter der Kraft des Sturms, und die wenigen Arbeiter, die versuchen, gegen den Wind anzukämpfen, geben gleich wieder auf und verschwinden nach drinnen.
Kleines Unwetter? Ich frage mich, was als schwereres Unwetter gilt?

In diesem Moment verlässt sie langsam die Hoffnung, heute weiterzureisen. Darum entscheidet sie sich loszulassen, wie sie es vorhin in dem Buch gelesen hat. Überraschenderweise geht das in diesem Fall ohne größere Komplikationen.

Das Universum wendet den Blick von Angelica ab und schaut nachdenklich in die Ferne.
Soso. Sie lernt die Dinge geschehen zu lassen.

Es malt ein Zeichen in die Luft, und vor ihm erscheint ein Bild. Eine leuchtende Spur zeigt den Weg, den Angelica in der Vergangenheit bis zum jetzigen Zeitpunkt genommen hat. Hier gibt es wieder eine Vielzahl von Abzweigungen in viele möglichen Richtungen.

Alle Lebewesen haben zu unterschiedlichsten Augenblicken verschiedenste Wahlmöglichkeiten und keiner kann vorhersagen, wie sich die einzelnen Menschen entscheiden, grübelt das Universum.
Aber so bleibt es zumindest spannend, fügt es zufrieden hinzu.

Es betrachtet Angelicas Weg genauer und ist sich fast sicher zu wissen, welche Abzweigung die junge Frau nehmen wird, doch dann muss es über seine eigene Gutgläubigkeit lachen.
So unberechenbar wie die Menschen, sind sonst kaum Lebewesen im Universum.

Nicht alle nehmen das Geschehen so locker wie Angelica. »Das darf nicht sein, dass hier nichts weitergeht!«, empört sich ein Mann im Anzug hinter ihr. Sie dreht sich zu ihm um und kann den Zorn in seinem Gesicht und der zur Faust erhobenen Hand fühlen, als wäre es ihrer. Einerseits ist es ihr unangenehm und sie würde gerne von ihm wegrücken. Andererseits möchte sie herausfinden, woher dieser deutlich wahrnehmbare Zorn kommt.

»Haben Sie es eilig?«

Der Mann sieht sie genauso verblüfft an, wie sie von ihrer eigenen Frage ist.

Vor Kurzem wollte sie nichts sehnlicher, als rasch nach Lissabon zu kommen. Aber in dieser scheinbar ausweglosen Lage ist paradoxerweise ein Stück weit Ruhe in ihr eingekehrt.

Die Umstände sind gerade nicht änderbar und egal wie ich mich fühle, die Dinge bleiben wie sie gerade sind.

Und so wird ihr bewusst, dass ihre Emotionen nichts an der Situation ändern können.

Warum also überhaupt schlechte Laune haben? Ein schummriges Gefühl macht sich in ihm breit.

Vermutlich dauert es nicht lange bis die alte Unruhe wieder kommt, doch gerade jetzt fühlt sich alles gut an.

*

Das Herz grinst in sich hinein.

Genau: alles zu seiner Zeit.

Manchmal braucht es Nachdruck und manchmal Gelassenheit, damit die inneren Erfahrungen mit den äußeren Veränderungen in Gleichklang kommen können.

*

Sie wartet geduldig auf die Antwort des Mannes, der irritiert von der Unterbrechung seiner Schimpftirade, einen Moment benötigt, um sich wieder zu fangen.

»Also wirklich!«, setzt er an und verstummt dann grübelnd.

Das ist offenbar eine Frage, die er sich so noch nicht gestellt hat.

»Also, bitte sehr!«, beginnt er nochmals, nachdem er kurz innehielt, und es hat ganz den Anschein, als wollte er seinen Frust an Angelica auslassen und sie anschreien.

Allerdings badet sie zurzeit in ihrer Entspannung und ist eher daran interessiert, mehr über die Hintergründe des Ausbruchs zu erfahren, als sich über das Verhalten ihres Gegenübers zu ärgern. Unbewusst erinnert sie sich, wie sie einmal Marlena anschreien wollte, obwohl es dafür keinen handfesten Grund gab.

Wie von allein hebt sich ihr Finger und ein Lächeln breitet sich auf ihren Lippen aus. Mit einer Stimme, die sie verdächtig an die Zauberin erinnert, sieht sie dem Mann bedacht in die Augen.
»Ich glaube, ich kann Sie gut verstehen. Aber wenn Sie dem Weg des Zorns folgen, erhalten Sie mit hoher Wahrscheinlichkeit eine wütende Antwort, und ich frage mich: Hilft Ihnen das in Ihrer Situation weiter?«
Angelica verstummt.

Was habe ich da gerade getan, bitte schön? Ich kenne diesen Mann nicht mal.

*

Richtig!, stimmt ihr Kopf zu.

*

Sie ist überrascht von der Direktheit, mit der sie diesem Fremden gegenübertritt.
Aber es scheint zu funktionieren. Der Mann räuspert sich und richtet sein Sakko. Dem Ausdruck nach ist seine Wut durch die Irritation ins Schwanken geraten.

»Nun ja ... ich habe einen bedeutenden Geschäftstermin.« Bei dieser Aussage wird er wieder wütender. »Wir haben seit Jahren darauf hingearbeitet, dass wir diese vermaledeite Übernahme abschließen.«

»Aha ... und das geht morgen nicht mehr? Wird die Übernahme denn platzen, wenn Sie es heute nicht dorthin schaffen?«, erkundigt sich Angelica.

Der Mann sieht sie skeptisch an und sie hat das Gefühl, in seinem Gesicht lesen zu können: *Was weiß dieses Mädchen schon? Die hat doch keine Ahnung von der Brisanz und der Notwendigkeit, zur richtigen Zeit am richtigen Ort zu sein.*

Er öffnet den Mund, vielleicht um ihr zu erklären, wie die Welt wirklich funktioniert, schließt ihn jedoch gleich wieder. Dann passiert etwas Überraschendes. Er stellt den Aktenkoffer zu Boden, greift nach seiner Krawatte, löst den Knoten rasch mit einer Hand und rollt sie danach säuberlich zusammen. Nachdem er sie in seiner Sakkoinnentasche verstaut hat, macht er den obersten Hemdknopf auf, setzt sich auf den Aktenkoffer und schaut Angelica ernüchtert an.

»Ich vermute, dass die Firma morgen ebenfalls noch da sein wird«, sagt er, während sein Blick zu den Fenstern wandert, gegen die der Regen trommelt.

Er wirkt desorientiert stellt Angelica verblüfft fest.

Da wendet sich der Mann ihr erneut zu.

»Kannst du mal ... Pass mal kurz auf meinen Koffer auf – okay?«

Angelica nickt. Der Mann hastet eilig um sich schauend fort.

Ein merkwürdiger Typ.

Zehn Minuten später kehrt er zurück.

Deutlich entspannter setzt er sich auf seinen Koffer und deutet Angelica, näher zu rücken. »Zweimal heißer Kakao und die köstlichsten Schokoladencroissants der Welt für uns zwei!«, präsentiert er sichtlich stolz seine neuen Errungenschaften und beißt herzhaft in sein Gebäck.

»Keine Ahnung, warum man mitten in Amsterdam die meiner Meinung nach besten Croissants weltweit bekommt.«

Er schüttelt den Kopf.

»Glaub mir, ich hab die Dinger schon an vielen Orten probiert, aber nirgends schmecken sie so wie hier.«

»Warst du mal in einer Wiener Bäckerei, die kriegen das locker besser hin«, scherzt sie.

»Probier' erst, dann reden wir weiter!«

Angelica nimmt einen herzhaften Biss von ihrem Gebäck, genießt einen Schluck vom heißen Kakao und fährt sich genüsslich mit der Zunge über die Oberlippe.

Mist, der Anzugstyp hat recht, das schmeckt echt großartig.

Möglicherweise sieht man ihr an, wie sehr ihr das Croissant zusagt, denn der Geschäftsmann grinst und wechselt das Thema:

»Und du, junge Dame – wohin führt dich deine Reise?«

*

»*Warte.*«

Die Stimme in ihrem Kopf ist sanft und klingt ähnlich wie jene, die ihr vor einiger Zeit geraten hat, zu atmen, als sie einen kleinen Schock nach der Begegnung mit ihrer Seele hatte. Sie war und ist wieder mit der Empfindung von ungetrübtem Vertrauen verbunden und so schaut Angelica den Geschäftsmann einfach an, statt direkt draufloszureden.

*

Der Mann im Anzug blickt auf ihren Rucksack.

»Du bist auf Weltreise, hm?«

Angelica verneint, und ihr Gegenüber grinst.

»Nein? Schade! Ich war in meiner Jugend mit dem Rucksack unterwegs und bin durch mehrere Länder getourt. Lang ist's her. Wobei ...« Kurz bekommt er einen verträumten Ausdruck, dann lacht er zynisch auf. »Ha! So viel hat sich eigentlich nicht verändert. Ich ziehe noch immer durch die Welt – jetzt allerdings mit einem Koffer und im Anzug von Geschäftstermin zu Geschäftstermin.«

Angelica spürt wie sie begeistert zu grinsen beginnt. Für sie klingt das großartig und faszinierend – die ganze Zeit auf Reisen!

»Dabei lernst du sicher viel von den unterschiedlichen Kulturen kennen und siehst großartige Landschaften, oder?«

Bei diesen Worten wirkt der Geschäftsmann auf einmal erschöpft, seine Schultern sacken herab und er strahlt Traurigkeit aus.

»Nein, eigentlich sehe ich dabei Flughäfen, Bahnhöfe und Firmengebäude. Um ehrlich zu sein, weiß ich meistens nicht mal mehr genau, in welcher Stadt ich gerade bin.« Er holt sein Handy aus der Tasche. »Das ist eins der wenigen Dinge, die ich unterwegs ausgiebig betrachte, um herauszufinden, wann und wo mein nächster Termin ist und wie ich da am besten hinkomme.«

Angelica schüttelt den Kopf. *Das ergibt keinen Sinn.*
  Sie erinnert sich an die Zeit am Strand von Palermo. Als sie mit der Hündin Stella und ihrem Welpen zusammengekuschelt im Sand den Sonnenuntergang beobachtet

hat und die Tage gemächlich an ihnen vorbeigezogen sind. Die Zeit war erfüllt von beschaulichen Augenblicken, die es auszuschöpfen galt.

Das sind die Erlebnisse, die ich auf Reisen gerne sammeln würde!

Angelica spürt eine Frage in sich aufsteigen. Sie blickt dem Geschäftsmann direkt in die Augen.

»Warum?«

Der wollte einen weiteren Biss von seinem Schokoladenhörnchen nehmen und erstarrt mitten in der Bewegung. Er lässt seine Hand sinken, betrachtet Angelica verwundert, und sie nimmt wahr, wie sich die wütende Energie wieder in ihm sammelt.

»Warum? Na, weil es Dinge zu erledigen gibt! Weil wir Übernahmen machen müssen! Weil wir dafür sorgen müssen, dass sich die Welt weiterdreht!«

Dann pausiert er und fügt hinzu:

»Weil … es richtig viel Geld ist, das dabei in meine Tasche fließt. Und das braucht man zum Leben – für einen angenehmen Lebensstil sogar massig davon.«

Er hebt vielsagend die Augenbrauen.

»Und wie sieht es aus? Wie viel Geld musst du noch verdienen, damit du es dir gut gehen lässt? Kannst du bald aufhören?«, fragt Angelica frech nach.

Der Geschäftsmann lacht.
»Also wirklich ... Du naives kleines Mädchen. Wann hat man je genug Geld?«

*

Genau! Du dummes, dummes kleines Mädchen ... was tust du hier? Jetzt mischst du dich neuerdings in die Angelegenheiten fremder, anscheinend sehr erfolgreicher Menschen ein, stimmt ihr Kopf dem Geschäftsmann zu.

*

Ihr Herz ist darüber sehr empört.
Wie kann dieser Mann es wagen, sie als kleines dummes Mädchen zu bezeichnen, und der Kopf sich darauf auch noch einlassen?
Dann erinnert es sich an das Strahlen, dem es begegnet ist – dem Glitzern der eigenen Seele, das es noch immer in seiner Tiefe spürt. Es schüttelt sich, schnürt seine kleine Rüstung und begibt sich auf den Weg zum Herzen dieses Geschäftsmanns. Es dringt durch die Schutzschicht aus Eis und schickt ein winziges Stück Seelenleuchten mitten in das vor ihm liegende Herz.
Herzen können solche Dinge, doch wie sie das machen, bleibt ihr gut gehütetes Geheimnis.

*

Ruhe breitet sich in Angelica aus und lässt die aufkeimende Verunsicherung verschwinden. Der Geschäftsmann hört auf zu lachen und wirkt wie betäubt. Er sieht Angelica schweigend an und sie hat den Eindruck, dass er in seinem Kopf auf einem imaginären Taschenrechner Kalkulationen anstellt und wartet gespannt auf das Ergebnis. Schließlich scheint er zu einer weiteren Erkenntnis gelangt zu sein und sackt in sich zusammen.

»Um ehrlich zu sein, ich habe wirklich bereits eine Menge Geld auf dieser Welt gesammelt und auf die Seite gelegt. Trotzdem bin ich noch immer auf der Suche nach mehr davon. Es ist schön, finanzielle Mittel zur Verfügung zu haben. Aber langsam wird mir immer öfter bewusst, dass diese Jagd nach dem Geld nicht sonderlich hilfreich dabei ist, das Leben zu genießen. Denn wenn man zwar viel Geld, aber keine Zeit mehr hat, kann man auch nicht tun, was man will. So verschiebt man seine eigenen Wünsche immer auf später und irgendwann ist es zu spät. Das ergibt keinen Sinn, oder?«, sagt er und Angelicas ist nicht sicher, ob diese Ansprache an sie oder ihn selbst gerichtet war.

»Entschuldige, tatsächlich bist du gar nicht dumm, sondern eine außergewöhnliche junge Frau voller schlauer Fragen.«, sagt er lächelnd.

Angelica grinst und nicht nur sie ist zufrieden, sondern auch ihr Herz und sogar ihr Kopf nehmen Komplimente wesentlich lieber in Empfang als Beleidigungen.

Der Mann erhebt sich, greift in seine Tasche und gibt Angelica eine Visitenkarte.

In schwarzen erhabenen Druckbuchstaben sind dort seine Kontaktdaten zu finden. Angelica nimmt die Karte entgegen und er fügt hinzu:

»Wenn du mal irgendwo festhängst und nicht weiterweißt: Ruf mich an. Ich bin dir dankbar und vielleicht kann ich dir ja mal helfen – schließlich musst du nach deinem Abschluss wahrscheinlich arbeiten gehen, um Geld zu verdienen, und ich suche immer nach intelligenten Menschen für meine Unternehmungen.«

Er wirkt wesentlich gelöster und gelassener als noch vor wenigen Minuten. Dann steht er auf und gibt Angelica die Hand. Er blickt sich um, als würde er seine Umgebung zum ersten Mal bewusst wahrnehmen.

»Ja ...«, murmelt er zu sich.

»Ja, dann wird es an der Zeit, dass ich tue, was ich immer tun wollte.«

Mit diesem Satz schlendert er entspannt davon. Angelica mustert die Karte. Sie liest den Vornamen des Mannes. *Elliot – ein ungewöhnlicher Name.*

Habe ich gerade einem Menschen geholfen seine Perspektive positiv zu verändern?

Ich hoffe doch!, denkt sie fröhlich. Gleichzeitig irritiert es sie, dass die Erkenntnis, was man tun möchte, eine Flüchtige zu sein scheint.

Als müssten die Menschen immer wieder daran erinnert werden, dass sie zu jedem Zeitpunkt die Möglichkeit haben, das zu wählen, was sie glücklich macht. Vielleicht gilt das ja auch für mich?

*

Genau darum geht es! Das Herz freut sich über die Erkenntnis, die Angelica gerade hat.

Jedes Mal zu wählen. Sich immer wieder neu auszurichten auf das, was sie in diesem Moment möchte. Das ist der Schlüssel zum Glück, davon ist das Herz überzeugt.

*

Angelica sieht dem Geschäftsmann hinterher. Dann nimmt sie ihren Rucksack und rutscht in der Warteschlange einen Platz weiter nach vorne.

Welche Überraschungen warten auf dieser Reise wohl noch auf mich?

*

Wenn Angelica wüsste, denkt sich das Universum und beobachtet interessiert das Stundenglas, durch das gemächlich die goldenen Körnchen rieseln.

7.

Nachdem Elliot weg ist, geht es Stück für Stück voran in der Menschenschlange und irgendwann landet sie bei einer erschöpften Dame am Schalter, die mit letzter Kraft versucht, die Belange der Passagiere zu klären. Zumindest fühlt es sich so an.

Sie bemüht sich, eine gute Unterkunft für Angelica zu finden, doch die einzige Möglichkeit ist, ein Stück weit aufs Land rauszufahren. Alles andere ist an die Fluggäste, die vor ihr kamen, vergeben worden. Angelica nickt zustimmend und beeindruckt sich damit, wie entspannt sie das alles hinnimmt.

Eine Form heiterer Gelassenheit hat sich in ihr ausgebreitet. Solange sie ein Dach über dem Kopf hat, ist es ihr egal, wo sie unterkommt. Auch wenn sie in Sizilien am Strand geschlafen hat – in den wesentlich kühleren Niederlanden und bei diesem Wetter kommt das nicht infrage. Vor allem, weil das Meer in dieser Gegend angeblich so stürmisch sein kann, dass es Menschen, die am Strand sind, überspült und mit sich reißt. Zugegebenermaßen hat sie das nur im Fernsehen gesehen. Eine seltsam abstruse Vorstellung und doch scheinbar wahr – zumindest, wenn man der Reportage glauben will.

Nachdem sie mit dem Zug aufs Land gefahren ist, begrüßt sie an ihrem Ankunftsort eine Kleinfamilie, die in einem Gästehaus Zimmer vermietet. Wie die anderen Menschen, denen sie hier bisher begegnet ist, sprechen sie trotz ihres fortgeschrittenen Alters gut Englisch. Die Kommunikation in den Niederlanden stellt sie daher vor keine großen Probleme.

Wie lange sie hierbleiben wird, weiß sie nicht, denn das Flughafenpersonal konnte das nicht sagen. Einerseits wütet der Sturm und andererseits gibt es mittlerweile eine Menge Passagiere, die weiterfliegen wollen. Man hat ihr versichert, dass sie versuchen würden, die Fluggäste in den nächsten Tagen nach Priorität abzuarbeiten.

Angelica vermutet, dass sie trotz ihres Erste-Klasse-Tickets nicht ganz oben auf dieser Liste steht. Schließlich ist sie eine Achtzehnjährige auf Reisen, während andere dringende familiäre oder geschäftliche Verpflichtungen haben, die auf sie warten. Diese Leute werden möglicherweise Druck machen. Angelica legt ihr Gepäck in dem kleinen Zimmer ab, das sich direkt unter dem Dachgiebel befindet. Anschließend wirft sie sich einen Regenponcho über, den sie vorsichtshalber am Flughafen gegen das Sturmwetter erworben hat und spaziert nach draußen durch den Wind in Richtung Meer.

Sie atmet tief ein. Hier weht der Wind nicht ganz so stark. Er kommt aus einer anderen Richtung. Dennoch ist sie die Einzige, die hier am Strand entlangwandert.

Nicht weit vom Meer setzt sie sich nieder und blickt auf den Horizont, während immer wieder Windböen an ihren Klamotten zerren.

Auch wenn die Wellen mit derselben Beständigkeit an den Strand rollen, ist das Meer hier anders als in Sizilien. Ungestümer, unbändiger und wilder, grübelt sie vor sich hin.
Es erinnert sie an die Erlebnisse der letzten Tage. Auch bei ihr gab es ein wildes Auf und Ab, vor allem im Außen.
Ihr zukünftiger Weg ist nicht klarer geworden, doch die aufregenden Begebenheiten der letzten Tage und die Unvorhersehbarkeit ihrer Zukunft scheinen ihr auf eine eigentümliche Art zur inneren Ruhe zu verhelfen.

Sie stellt sich vor, wie die Fische im Meer bei diesem rauen Seegang von der Wasseroberfläche in die Tiefe zu den dunklen Stellen des Meeres abtauchen, wo es unendlich ruhig und still ist.

Vielleicht ist es bei mir ja so ähnlich?

*

Das Herz nickt zustimmend und umarmt Angelica innerlich. Je wilder es im Außen wird, desto wichtiger ist es für Angelica, sich auf ihren inneren Ruhepol zu fokussieren, um daraus neue Kraft zu schöpfen. In der tiefen Stille liegt dann häufig die Möglichkeit für das Herz und die Seele, gemeinsam etwas komplett Neues zu gestalten. So genießt das Herz gerade die Ruhe und bereitet sich auf das Neue vor.

*

Nicht weit entfernt von ihr entdeckt Angelica einen rot-weiß gestreiften Leuchtturm, dessen Licht gerade angeht und Richtung Meer strahlt. Sie beobachtet, wie eine Gestalt in einiger Entfernung an ihr vorbeigeht.

Was macht der dort?, fragt sie sich verwundert. Gleich darauf scheint er sich in der Nähe des Leuchtturms in

Luft aufzulösen. Sie atmet tief ein und stellt sich vor, wie all ihre Probleme auf die ähnliche Weise verschwinden.

Ich weiß nicht recht, wie, aber es wird sich alles finden und ich werde dem alten Mann begegnen.

Sie lächelt und blickt in den Himmel, wo die Wolkendecke löchrig wird und auf wundersame Weise vereinzelt Sterne zu sehen sind, die sie fröhlich anfunkeln.

Das Universum kann bei einem solchen Gewitter noch dafür sorgen, dass der Himmel Angelica Mut macht.

Und davon kann sie auf ihrem Lebensweg nicht genug haben, wenn man bedenkt, was noch auf sie wartet.

8.

Bei wolkenlosem Himmel sitzt Marius an einem Straßenrand in Paris und spielt auf seiner Gitarre. Es ist lange her, dass er wirklich etwas vermisst hat. Doch obwohl er noch nicht lange unterwegs ist, sehnt er sich bereits nach dem Rauschen der Brandung und der unendlichen Weite des Wassers, das er zwar nicht wirklich sehen, aber umso mehr fühlen kann.

Am Meer fällt es ihm deutlich leichter, sich mit dem Universum zu unterhalten. Denn in seiner endlosen Größe erinnert es ihn an die Weisheit, die er in der Kommunikation mit dem Universum spürt. Das ständige Rollen der Wellen verdeutlicht ihm auch die Beständigkeit im Wandel. In vielerlei Hinsicht beruhigt ihn das Meer.

Es war der Ort, an dem er seine Liebe zum Universum fand. Doch er ist nicht mehr dort. Jetzt sind die lärmerfüllten Straßen von Paris die Hintergrundkulisse seiner Musik. Auch wenn der alte Mann weiß, dass alles zusammengehört und die Straßen von Paris Teil desselben liebevollen Universums sind wie das Meer, fällt es ihm dennoch schwer zu spielen.

In solchen Augenblicken erinnert er sich an die alten Zeiten, als es schwieriger war, weil er nicht wusste, was er da tat. Marius schließt seine blinden Augen, horcht in sich hinein und gleichzeitig weit über sich hinaus. Er erinnert sich an sich selbst und daran, wie er früher war: ein verirrter Besserwisser.

Dann umspielt ein Lächeln seine Lippen. In solchen Momenten möchte dieser alte Teil von ihm wieder aufbegehren und ihm erklären, dass er nur alles kontrollieren müsse, damit es gut werde. Aber inzwischen hat er erkannt, dass das ein Mythos ist. Er schmunzelt bei der Erinnerung an die Zeit, in der er nicht verstand, dass neue Dinge aus dem Nichts entstehen. Als er versuchte, alles rational zu betrachten, und sich schwer damit tat, Dinge zuzulassen oder zu akzeptieren, die nicht seiner Definition von Logik folgten.

Heute ist er anders.

Mittlerweile weiß er, dass in dem Moment, in dem er loslässt und sich dem Unwissen und dem Nichts hingibt, ihn die gesamte Weisheit des Universums begrüßt. Er weiß, was er tun muss, um die Töne zu finden, nach denen er sucht. Und so lässt er sich in die Tiefe der Unendlichkeit fallen im Vertrauen, dass er vom allwissenden Nichts aufgefangen wird und mit dessen Hilfe Neues erschaffen kann.

*

Das Universum beobachtet erfreut den alten Mann beim Spielen.

Es ist beeindruckend, wie er sich immer wieder der Ungewissheit hingibt.

Sobald man sich selbst eingesteht, nichts zu wissen, können wahres Verständnis, Erkenntnisse und Wunder entstehen. Das Universum weiß, dass es nicht einfach ist, sich das Nichtwissen einzugestehen und loszulassen. Umso mehr freut es sich, wenn ein Mensch es wagt, und begegnet ihm offenherzig mit Wärme, Wissen und Geborgenheit.

*

So löst sich Marius los und beginnt sein Lied in die Nacht zu spielen. Er hat keine Ahnung, wie er seine Reise fortsetzen wird, und verschwendet auch keinerlei Gedanken daran. Das Einzige, was ihm in diesem Moment wichtig ist, ist seine Liebe für das Universum auszudrücken und von ihm gehört zu werden.

Nach einigen Minuten des Spiels meldet sich eine Stimme auf Englisch.

»Alter Mann, sag, was machst du hier?«

Marius schweigt und spielt weiter. Er hat vor langer Zeit erkannt, dass nicht alle Fragen der Menschen zu beantworten sind. Dennoch ist er gespannt, ob sich hier eine neue Möglichkeit auftut, voranzukommen.

»Wohin willst du alter Mann?«, versucht es die betrunkene Stimme erneut.

»Wien«, erwidert Marius versunken in sein Spiel.

»Wien? Das ist aber weit!«

Der Fremde scheint nachzudenken.

»Mir gefällt deine Musik! Warum kommst du nicht mit auf unseren Frachter und spielst für uns, während wir Richtung Niederlande fahren? Auf dem Schiff hast du deine Ruhe, wir haben einen guten Schlafplatz für dich und die Straßen in Rotterdam sind freundlicher als diese hier. Was gibt es Besseres als das Meer?«

Der Betrunkene hält inne und bringt dann sein bestes Argument:

»Außerdem kommst du von dort leichter nach Wien als von hier.«

Der alte Mann spielt weiter auf seiner Gitarre und lauscht den Tönen, die das Universum zu ihm zurückschickt. Er versteht, dass man sein Ziel manchmal über Umwege erreicht, und lächelt.
Und wer weiß schon, was ein Umweg ist und welcher Weg in Wahrheit der direkte ist?
»Ja«, antwortet er dann.
»Na dann komm mit und wir trinken einen, bevor es losgeht!«, entgegnet der Matrose erfreut.

Marius steht mühsam auf. Er ist die Strapazen einer solchen Tour nicht mehr gewohnt. Trotzdem freut er sich innerlich. Denn jede Reise im Außen ist auch eine im Inneren und somit zu sich selbst. Er ist gespannt, was er dabei entdecken wird.

9.

Als Angelica die Augen am nächsten Tag öffnet, wird sie von einer inneren Unruhe überrascht.

Seltsam, eigentlich hat sich seit gestern nichts geändert, aber ...

Einerseits ist sie irritiert, dass ihre Stimmung plötzlich eine andere ist, andererseits kennt sie das Gefühl aus Sizilien, wo sie mit den Hunden am Strand eine gute Zeit verbracht hat, bis dieselbe Empfindung sie weitergetrieben hat. Die Ruhe und Gelassenheit von gestern sind wie weggeblasen. Stattdessen überkommt sie das Bedürfnis, endlich den alten Mann zu finden.

In der Hoffnung auf strahlend blauen Himmel und Sonnenschein dreht sie sich in Richtung Fenster. Doch ihr Blick trifft erneut auf Regen, der auf die Fensterscheiben einprasselt und in breiten Wasserstraßen herabrinnt. Die Windböen knallen auf das Glas und scheinen seit gestern sogar an Heftigkeit zugelegt zu haben.

Angelica wirft ihr Kissen gegen die Wand.
»Das kann doch alles nicht wahr sein«, stößt sie frustriert aus. Mit ihrer Heiterkeit von gestern ist es vorbei. Heute überwiegt die Wut darüber festzustecken. Das Gefühl, sich andauernd im Kreis zu drehen und nicht zu wissen, warum.
Ihr ungeduldiger Kopf hatte gehofft, heute schon längst in Lissabon zu sitzen und einen Strand nach dem nächsten abzuklappen, um den alten Mann zu finden, und dann morgen, spätestens übermorgen, nach Wien zurückzukehren.
Irgendwo in der Pampa der Niederlande mitten in einem Sturm festsitzen zu müssen, ist echt das Letzte! Sie verdreht bei dem Gedanken entnervt die Augen.

*

Das Universum lächelt. Angelica wollte unbedingt in diesen Flieger. Doch das ist auch eine Option. Denn oftmals führen auch die verschlungenen Wege zum Ziel und sie sind nicht immer so sinnlos, wie sie anfangs scheinen.
Ob Angelica auch so verärgert wäre, wenn sie sich daran erinnern könnte?

Außerdem ist das Ziel manchmal kein äußerer Ort, stattdessen ein innerer. Aber ab und zu ist es auch umgekehrt. Auf jeden Fall ist es häufig anders als gedacht.

Obwohl viele so damit beschäftigt sind, alles zu hinterfragen und zu verstehen, wissen diese irdischen Wesen in vielerlei Hinsicht so wenig. Sie haben einiges vergessen. Vor ihrer Geburt waren die universalen Gesetzmäßigkeiten den Seelen noch gut bekannt. Doch nur wenn man alles loslässt, kann man dieses Urwissen wiederfinden.

Das Universum sieht auf das Stundenglas, dessen goldene Körnchen beständig nach unten rieseln. Fast die Hälfte ist bereits am Boden angekommen.

Wenn sie wirklich die Welt verändern will, ist es bald an der Zeit, dass Angelica den nächsten Schritt macht. Die Frage ist nur, wofür sie sich entscheiden wird?

Während es kurz überlegt, fischt es eine Münze aus dem Nichts.

Kopf oder Zahl, wie die Menschen so gerne sagen.

In Ermangelung eines geeigneten Partners wettet das Universum mit sich. Es wirft die Münze in die Luft und beobachtet deren Flug. Am höchsten Punkt bleibt sie stehen und verwandelt sich in einen Adler, der kurz darauf in die unendlichen Tiefen des Weltalls entschwindet.

Ja. Das Universum nickt sich selbst zu, das hat es sich gedacht. Endlose Möglichkeiten und vollkommene Unabhängigkeit.

*

Angelica zieht sich inzwischen missmutig die Regenjacke an und beschließt, trotz des Sturms nach draußen zu gehen.

Dieses ständige Hämmern des Regens gegen die Scheiben ist einfach nur deprimierend, und wenn ich noch weiter in diesem Zimmer bleibe, drehe ich durch.
Auf dem Weg nach unten trifft sie ihre Vermieter. Sie bestätigen ihr leider, was sie schon heute früh vermutet hatte: Es gibt einstweilen keine Möglichkeit, weiterzukommen.

Wenig überraschend und kein bisschen erfreulich!

Wie ein Kind, das zornig auf seine Eltern ist, läuft Angelica die restliche Treppe hinunter. Als sie sich beim Türöffnen umdreht, erblickt sie die Besitzer der Unterkunft, die ihr verdutzt hinterhersehen.

Vermutlich fragen sie sich, wo das gut gelaunte Mädchen von gestern hin ist.

Wenn sie ehrlich ist, wüsste sie das auch gern.

*

Auch Angelicas Herz ist verwundert über diese unverhoffte Stimmungsschwankung und versucht ihr einen Funken Wärme zu schicken, der sie an das Schöne in ihrem Leben erinnert. Aber heute blockiert Angelica komplett und es kann nicht zu ihr durchdringen.

*

Als Angelica die Tür nach draußen aufstößt, empfangen sie noch heftigerer Regen und stürmischerer Wind als gestern.

Heute ist mir das egal! Heute zeige ich diesem Sturm, wer stärker ist.
Sie klemmt den Kopf zwischen die Schultern, zieht die Kapuze tief ins Gesicht und stürzt sich in das windige Nass. Auf dem Weg zum Strand kämpft sie Schritt für Schritt gegen das Unwetter an.

Wenn sie hier schon festsitzt, dann will sie zumindest das Wasser sehen. In Sizilien hat sie der Blick aufs Meer immer beruhigt.

Schon bald erspäht sie in einiger Entfernung den Leuchtturm. Wie zuvor strahlt er sein Licht in die Welt.
Wenigstens der sorgt für etwas Helligkeit bei diesem düsteren Wetter. Ob da noch jemand arbeitet? Oder sind dort Maschinen, die für Licht sorgen?
Sie erinnert sich an die dunkle Gestalt, die gestern in der Nähe des Leuchtturms verschwand.
Ob das der Leuchtturmwärter war?
Missmutig stampft sie weiter am Strand entlang und verwirft den Gedanken.
Was geht es sie an, wer oder was dort lebt oder nicht.
Währenddessen spült das Meer in hohen Wellen Wasser an den Strand. Ab und zu berührt einer der Ausläufe ihre Schuhe, doch Angelica kümmert das nicht. Sie ist sowieso von oben bis unten durchnässt.

Das Wasser kann ihr nichts anhaben, ob es von oben oder von unten kommt, ist auch egal, stellt sie hochmütig fest.

*

Das Herz umarmt sich und schüttelt sich bei dieser frostigen Stimmung. Es mag es nicht, wenn Angelica so drauf ist. Man weiß nie, was passiert, wann immer sich jemand vor seinem Herz verschließt und der blinden Verärgerung und dem Frust die Führung überlässt.

*

Auf einmal hört Angelica ein gewaltiges Donnern. Sie blickt nach rechts und das Letzte, was sie sieht, ist Grau.

Keine Sekunde später wird sie von einer gigantischen Wand aus Wasser überrollt. Eine Riesenwelle ist über den Strand geschwappt und reißt sie mit. Der Sog zieht sie ein Stück hinaus ins Meer und drückt sie unter Wasser. Sie versucht, wieder nach oben an die Luft zu kommen, um zu atmen.
Aber wo ist oben?
Sie hat die Orientierung verloren, und Angst durchflutet sie. In der Zwischenzeit zerrt die Flut sie immer weiter hinaus.
Werde ich hier draußen ertrinken? Kann es das gewesen sein?, fragt sie sich angsterfüllt.

Ihr Kopf schreit vor Panik:
»Du musst rudern! Nach oben kommen! Ruf um Hilfe! Am besten alles gleichzeitig!«

Mit Müh und Not schafft es Angelica, ihre Arme zu bewegen. Nach einigen Sekunden des Bangens, orientierungslosen Ruderns und um sich Schlagens spürt sie, wie sie durch die Wasseroberfläche stößt.
JA!

Gleich darauf hat sie das Gefühl, die Orientierung halbwegs wiedergefunden zu haben, und schnappt nach Luft. Gierig atmet sie den wohltuenden Sauerstoff ein, doch schon trifft sie die nächste Welle und sie verschluckt sich abermals am Wasser. Verzweifelt versucht sie, den Kopf über der Oberfläche zu halten. Trotz des Schocks und des Adrenalins wird sie von Kälte überfallen und ihr wird klar, dass bei diesen Temperaturen die Gefahr nicht ausschließlich darin besteht, zu ertrinken, sie könnte auch erfrieren – die wahrscheinlich knapp über zehn Grad Meerestemperatur, die es hier im Sommer hat, übersteht ein durchnässter Mensch nicht lange.

*

Das Universum betrachtet das Geschehen und runzelt die Stirn. Das ist eigenartig. Normalerweise wertet es nicht, denn ansonsten hätte es nichts anderes zu tun, als Listen zu erstellen, was gut und was schlecht ist.

Abgesehen davon wäre es sich oftmals nicht so sicher, auf welche Seite der Liste es was setzen sollte. Was hier geschieht, kommt ihm falsch oder besser gesagt zu früh vor. Doch seine Besorgnis ändert leider nichts an Angelicas Problem.

*

Sie reißt die Hände nach oben und schreit um Hilfe, schluckt noch mehr Wasser und schreit weiter.

Ich weiß nicht, wie lange ich es hier noch aushalten kann, denkt sie entsetzt und versucht verzweifelt mit chaotischen Schwimmbewegungen an Land zu kommen, während sie weiterhin mit Rufen auf sich aufmerksam macht. Sie scheint wenige hundert Meter von der rettenden Küste entfernt zu sein, doch das tobende Wasser raubt ihr nicht nur die Kraft, sondern auch die Sicht, um Genaueres zu erkennen.

Die mannshohen Wellen schlagen auf sie nieder und halten sie fest im Griff.

Ich ... ich kann nicht mehr.

Angelicas Hoffnung schwindet, und langsam ist sie bereit, sich treiben zu lassen.

*

Angelicas Strahlen wird langsam schwächer. Das Universum hat längst einen Funken Licht an ihre liebevolle Seele geschickt und jetzt bleibt ihm nur, aufmerksam zu beobachten, was weiter passiert. Besorgt schaut es auf das Stundenglas, in dem der Sand zügiger zu verrinnen scheint und dessen Leuchten schwächer wird.

Bei all den verschiedenen Möglichkeiten ist es eigenartig, dass sie diese Abzweigung genommen hat. Es sieht nicht gut aus für Angelica und die neue Welt, die sie mitgestalten will.

*

Dann dringt auf einmal, das tiefe Brummen eines Motors zu Angelica durch, und sie schöpft neue Hoffnung. Sie mobilisiert ihre Kräfte noch einmal und kämpft um freie Sicht. An den peitschenden Wellenbergen vorbei blickt sie hilfesuchend in die Richtung, aus der das Geräusch kommt. Ein Mann in roter Ölkleidung lenkt ein schlichtes Boot mit Außenborder durch die wogenden Wellen des Sturms. Doch es hat den Anschein als würde die Nussschale von den Wellen erfasst werden, und kurzzeitig befürchtet Angelica, dass gleich für zwei Menschen die letzte Stunde geschlagen hat. Doch nach jeder Welle, die zusammenschlägt und die Sicht wieder auf das Boot freigibt, sieht sie es wacker in ihre Richtung manövrieren

– auch wenn der Steuermann immer wieder damit beschäftigt ist, Wasser aus dem Boot zu schöpfen, um nicht unterzugehen.

Angelica spürt wie ihr die Kälte immer mehr ins Mark dringt. Ihr Blickfeld wird immer vernebelter und sie kämpft darum, wach zu bleiben.

Endlich ist das Boot bei ihr und sie sieht in das wettergegerbte Gesicht eines alten Mannes, das zu einer Grimasse der Anstrengung verzerrt ist.

»Komm, Kind, komm schnell!«, schreit er durch den Sturm. Angelica aktiviert ihre letzten Kraftreserven und schwimmt in seine Richtung. Der Mann streckt sich über das Boot hinaus, um sie hereinzuziehen, doch die nächste Welle bricht über die beiden herein und taucht Angelica unter.

NEIN!
Sie kämpft sich mit schier unmenschlicher Kraft wieder nach oben, schnappt nach Luft und sieht, dass sich der Bootsfahrer gerade noch am Rand festhalten konnte. Die Kälte und die Dunkelheit des Meeres umfangen sie und scheinen ihre letzten Atemzüge von ihr zu verlangen. Sie glaubt nicht mehr, dass sie die Kraft

hat, irgendetwas zu bewirken. Ihr wird schwarz vor Augen.

*

Angelica hat ein starkes Herz und das gibt nicht auf, denn es möchte weiterhin Vieles in dieser Welt erleben. Es hat sich eine Menge vorgenommen und plant nicht, hier und heute zu ertrinken. Es breitet sein Licht aus und ruft die Seele um Hilfe.

»Hörst du! Ich brauche dich, wir sind nicht am Ende!«

Dann konzentriert es sich auf Angelica, nimmt all seine Energie zusammen, um ihr die Kraft zu geben, weiter zu kämpfen.

*

Die Seele, die den Hilferuf des Herzens erhält, fühlt in sich hinein. Tief in ihr verborgen liegt der Zugang zur universalen Liebe und dorthin schickt sie eine Bitte.

»Es ist noch nicht so weit. Es ist noch lange nicht so weit! Wir haben auf der Erde etwas zu vollbringen! Das weißt du und das weiß ich – hilf uns! Bitte...«

Es dauert nicht lang, bis sich ein Kanal purer Liebesenergie öffnet. Denn die Liebe kann immer helfen und nie einer Bitte aus reinem Herzen widerstehen.

*

Angelica wird plötzlich von einem Strom reinen Lichts durchflutet und sie reißt die Augen auf.

ES IST NOCH NICHT VORBEI!

In diesem Moment ist es mehr als ein Gedanke. Es ist die Wahrheit, gemeißelt in unsichtbaren Stein. Die Klarheit der Aussage durchdringt ihr ganzes Sein, und das Licht gibt ihr ungeahnte Kräfte.

Sie steckt alle Willenskraft dahin ihre kalten Hände und Füße zu mobilisieren und schwimmt dorthin, wo sie die frische Luft vermutet. Es ist eine gewagte Wette. Doch Stück für Stück kämpft sie sich zurück an die Oberfläche und dort angekommen atmet sie gierig den Sauerstoff ein.

Der Mann im Boot erblickt sie gerade noch, als er sich wegdreht und reagiert. Er greift in das Boot und holt einen langen Stock heraus, den er ihr entgegenstreckt. Mit vor Kälte starren Fingern greift sie danach. Ihre Hände umschließen das raue Holz, so fest sie kann, denn

Angelica weiß: Das ist ihre letzte Chance. Doch es würde nicht reichen, wenn das Licht der Seele ihr nicht helfen würde. Für einen Augenblick durchflutet es Angelica mit aller Kraft und vertreibt die Kälte aus ihrem Körper.

Angelica greift an der Stange nach vorne und bringt sich nah an das Boot. Der Mann beugt sich vorne, greift mit seinen Händen nach ihr, packt sie an der Hüfte und holt sie mit einem kräftigen Zug über die Kante des Bootes .

Sie lässt sich zitternd in das Innere der Nussschale fallen.

Während der Mann das Boot wendet, hat sie die Arme um sich geschlungen. Sein Ausdruck ist konzentriert, als er versucht, das Boot sicher durch den tückischen Wellengang zu steuern. Ein ums andere Mal brechen Wellen direkt vor ihnen zusammen und Wasser schwappt zu Angelica herein.

Doch er scheint das Gewässer gut zu kennen und bringt sie sicher an Land. Er steigt aus, vertäut das Boot am Ufer. Dann kommt er zurück, packt Sie an den Schultern und schüttelt sie unsanft.

»Nicht einschlafen! Hörst du, Kleine?«
Sie versucht etwas zu sagen, doch ist unfähig zu antworten. Ihr ganzer Körper zittert.

Sie umarmt ihren Retter und lässt sich mehr von ihm als von ihren eigenen Füßen tragen. Er schleppt sie gegen den Wind in das Innere des Leuchtturms, während die Wellen hinter ihnen immer noch an den Strand krachen, als wäre nichts Außergewöhnliches geschehen.

Er reißt die Tür zu dem Leuchtturm auf, packt das Geländer der Treppen und nickt ihr aufmunternd zu.

»Komm, Mädchen, komm! Oben ist es schön warm. Mach mir nicht schlapp, hörst Du?!«

Angelicas Körper ist steif und zittrig vor Kälte, aber die Aussicht auf Wärme gibt ihr Kraft. Stufe um Stufe bewegen sich die beiden aufwärts über eine schier endlos erscheinende Wendeltreppe.

Irgendwann ist es geschafft. Oben angekommen zögert der Mann nicht lange. Er fordert Angelica auf, die Sachen auszuziehen, gibt ihr eine trockene Decke und sie fällt auf eine Matratze, die mitten im Raum liegt.

Anschließend holt ihr Retter Heizstrahler aus einem Kasten und positioniert sie um sie herum. Das letzte Wort, das aus Angelicas Mund kommt, ist ein gestammeltes »Danke«, bevor sie in einen tiefen, traumlosen Schlaf fällt.

*

Der Mann sieht durch das großflächige Fenster des Leuchtturms. Er achtet täglich darauf, dass keine Schiffe oder Menschen in Seenot geraten. Seit vielen Jahrzehnten betreibt er diesen Leuchtturm und ist stolz darauf. Er war hier, als die Lichter mit Öllampen betrieben wurden, und als die Neonlampen installiert wurden. Egal welchen technischen Fortschritt es gibt, er wird weiterhin hier sein. Manche Leute behaupten, man benötige den alten Mann nicht mehr. Bei diesem Gedanken grinst er, während er über seine Schulter nach hinten auf Angelica schielt.

»Jaja, dass man mich nicht mehr bräuchte, sagen sie.«
Er fragt sich wie so oft, ob diese piepsenden und leuchtenden elektronischen Geräte rund um ihn Menschen aus dem Sturm bergen können, wenn sie von einer Welle erfasst werden, und beantwortet sich die Frage mit einem gegrummelten »Sicher nicht!«.

Es gehört eigentlich nicht zu den ursprünglichen Aufgaben eines Leuchtturmwärters, Ertrinkende zu retten, und er macht das nicht täglich. Dennoch kam die Situation öfter vor, als ihm lieb ist. Doch auch wenn es nicht ungefährlich ist, mit seiner Nussschale zwischen den peitschenden Wellen zu manövrieren, sein Wissen über das Meer und sein Herz ließen ihn bisher nie im Stich, wenn er tat, was getan werden musste.

Sein Platz ist hier, auch wenn die Position des Leuchtturmwärters offiziell längst abgeschafft wurde. Er wurde vor langer Zeit in Pension geschickt. Statt aufzuhören, nahm er damals einfach schweigend sein Abschiedsgeschenk entgegen und ging anschließend wieder zu seinem Leuchtturm, als wäre nichts gewesen.

Man brachte es nie übers Herz, ihm den Schlüssel für den Leuchtturm abzunehmen.

Hätte man die Menschen hier direkt auf ihn angesprochen, hätten Viele geantwortet, dass er immer da war und dass das besser so ist. Über sein Alter hätte wohl keiner Auskunft geben können – sie hätten zum Leuchtturm gesehen und mit den Schultern gezuckt. Vielleicht liegt es daran, dass sich die Menschen über die Zeit an ihn gewöhnt haben. Aber wahrscheinlich eher daran, dass er in seiner Zeit hier mehr Menschen aus dem Wasser gezogen als so manche Hebamme Kinder auf die Welt gebracht hat. Das bleibt den Menschen dann im Gedächtnis, obwohl sie den alten Mann so gut wie nie zu Gesicht bekommen.

Das rot-weiß gestreifte Gebäude und der knorrige Mann leisten sich seit Jahrzehnten Gesellschaft und sind mittlerweile gute Freunde geworden. Er kennt jeden Winkel dieses Leuchtturms und lebt heute noch darin, wie er es schon immer getan hat. Denn es ist seine Lebensaufgabe und er kann sich nicht damit abfinden, wie andere alte Männer zu sterben. Er findet das seltsam.

Wozu bin ich sonst auf die Welt gekommen, wenn nicht, um meine Lebensaufgabe zu finden und ihr so lange wie möglich nachzukommen?

Verärgert schüttelt er den Kopf über seine Freunde, die früher oder später den Kampf um ihr Leben aufgegeben haben. Er ist davon überzeugt, dass Menschen eine Aufgabe brauchen, damit es ihnen gut geht, und er erfüllte seine schon, als viele Bewohner hier im Umkreis noch gar nicht geboren waren. Und tat das immer noch, als die ersten von ihnen wieder in Pension gingen.

Das Leben am Meer hat ihn jung gehalten. Er war stärker und sehniger als andere in seinem Alter, denn wenn er nicht am Leuchtturm war, dann fischte er im Meer.

In seiner Zeit hier hat er vieles gelernt. Es gibt keinen besseren Zeitpunkt, einen Menschen kennenzulernen, als den, wenn er gegen den eigenen Tod kämpft. Der Mann wippt auf seinem Schaukelstuhl auf und ab und wendet sich in Richtung der jugendlichen Frau, die er gerettet hat. Nachdenklich betrachtet er sie.

Dann steht er auf, geht zu ihr und tastet mit schwieliger Hand über ihre Stirn. Er nickt zufrieden.
Langsam gewinnt sie wieder an Wärme.

Es ist der Schlaf der Erschöpfung eines Menschen, der dem Tod mit Müh und Not von der Schippe gesprungen ist. Es schüttelt ihn, wenn er an die andere Art des Schlafes dachte. Wenn die Körper nicht an Temperatur zunehmen, sondern sie endgültig abgeben.
  Einige schaffen es und andere leider nicht. Manchmal kommt ihm die Sache mit dem Leben vor wie die Wellen. Sie rollen stetig an den Strand und werden anschließend wieder ins Meer gezogen. Auch wenn einige größer sind als andere, ist es ein beständiges Hin und Her.

»So ähnlich ist es mit dem irdischen Dasein. Manche Leute werden geboren und leben sehr lange, und andere sterben am selben Tag. Traurig, aber der Lauf des Schicksals«, murmelt er.
  Das Einzige, was den Leuchtturmwärter ärgert, ist, wenn jemand kampflos aufgibt. Er glaubt daran, dass man sich anstrengen muss, um am Leben zu bleiben, doch er ist überzeugt, es lohnt sich.

»Ja, das tut es«, spricht er leise, aber bestimmt in die Dunkelheit, steht auf und läuft in die bescheidene Küche seiner Behausung.

Auf dem Weg dahin wirft er einen Blick durch das ausladende Sichtfenster auf das Meer. Normalerweise sind Menschen unwillig, bei einem solchen Sturm am Strand spazieren zu gehen. Er fragt sich, was sich die junge Frau dabei gedacht hat. Sie kann froh sein, dass er draußen zu tun hatte, um zu sehen ob alles sturmfest war. Dadurch sah er wie sie missmutig durch den Regen stapfend von der Welle erfasst wurde.

Der alte Mann schickt ein Dankesgebet an die Meeresgötter, die ihm geholfen haben, sie zu retten. Er war nicht abergläubisch, hatte aber zu viel gesehen, als dass er es sich leisten könnte, nicht an eine höhere Macht zu glauben.

Der Kampf um das Überleben macht außerordentlich hungrig, und sie wird keine Ausnahme sein. Auch wenn sie sonst etwas sonderbar erscheint.

Langsam beginnt er Gemüse zu hacken und Suppe zu kochen. Er denkt an ihren Kampf im Wasser und schüttelt den Kopf.

Sie hätte nicht mehr aus der Tiefe hervorkommen dürfen. Trotzdem hat sie es geschafft.

Der Leuchtturmwärter erinnert sich zurück an den Moment, als sie unter Wasser geriet und ihm eine Gänsehaut über den Rücken lief. Er kennt das Gefühl, zu spät zu kommen. Manchmal kann er nichts mehr tun. Es ist dasselbe Gefühl, das er bei ihr hatte, und für gewöhnlich irrt er sich in solchen Fällen nicht.

In der Situation starrte er unfähig, etwas zu unternehmen, auf das Wasser, das das Mädchen verschluckt hatte, und dann, kurz bevor er an den Strand zurückkehren wollte, sah er es.

Ein Leuchten im Meer, an der Stelle, wo das Mädchen zuvor gewesen war. Dieses Leuchten schien ihr neue Kraft zu geben, und wie durch ein Wunder kam sie zurück an die Oberfläche.

Er hatte sich bei diesem Licht unter Wasser nicht geirrt, da war er sich sicher. Denn seine Augen sind funktionstüchtig, weil sie es schlichtweg sein müssen. Schlecht zu sehen, würde es ihm nicht erlauben, seine Arbeit auszuüben – zumindest war das seine Erklärung dafür. Andere hätten es Glück oder gute Gene genannt, doch der alte Mann gab nicht viel auf die Meinungen anderer.

»Ha, vielleicht habe ich einen besonderen Fisch erwischt!«, stößt er aus. Doch er verwirft diesen Gedanken gleich wieder.

Seine Aufgabe ist nur, über das Meer zu wachen und dafür zu sorgen, dass er so oft wie möglich zur richtigen Zeit am richtigen Ort ist, um Schlimmeres zu verhindern.

Der Rest liegt nicht in seiner Hand.

*

Das Universum lauscht erfreut den Gedanken des alten Leuchtturmwärters. Es ist beeindruckt von ihm, nicht nur, weil er seine Lebensaufgabe gefunden hat und ihr bis zum heutigen Tag nachgeht, sondern, weil er seine Klarheit in die Welt hinausstrahlt, wie der Leuchtturm sein Licht.
Er hat nie viel verlangt und alles bekommen, was er wollte. Wenn es für ihn so weit ist, wird er mit einem Lächeln die Erde verlassen. Nicht weil er keine Wünsche hatte, sondern weil er früh entdeckte, welche ihm wichtig waren, und sich diese erfüllte.

*

Angelica wird vom Duft frischer Suppe geweckt. Sie ist ausgetrocknet und findet ein Wasserglas neben ihr vor.

Begierig greift sie danach und leert es in einem Zug. Danach fallen ihr die Heizstrahler auf, als sie sich umschaut.

Was ist passiert?

Sie erinnert sich wieder: Wie sie von der Welle ins Meer gezogen wurde und mehrmals unter Wasser gedrückt wurde. Der Mann in Rot, der sie mit einem Stock herauszog. Doch warum liegt sie unter einer Decke nackt auf der Matratze? Sie richtet sich mühsam auf und ihre Glieder protestieren vor Schmerzen.

Ratlos blickt sie sich um und erkennt ein grelles Licht, das in Richtung Meer gerichtet ist.

In diesem Moment betritt der Mann mit einem Topf Suppe den Raum. Er grummelt Unverständliches vor sich hin und zeigt dann mit dem Finger auf einen anderen Heizstrahler, vor dem ihre Klamotten fein säuberlich hängen.

»Warum bin ich nackt?«, fragt sie empört.

Der alte Mann lacht.

»Weil du sonst in deinen triefenden eisigen Fetzen erfroren wärst. Wäre dir das lieber gewesen?«

Angelica schüttelt den Kopf.

Nein, wirklich nicht.

Beschämt wickelt sie sich in die Decke und greift sich ihre Klamotten. Sie blickt sich um, kann jedoch keinen privaten Bereich finden, um sich anzuziehen. Ihr Gegenüber grinst, dreht sich um und stellt den Topf Suppe auf den Tisch.

»Nichts, was ich nicht schon tausendmal gesehen habe. Du bist nicht die Erste, der ich helfen musste, dem Tod zu entrinnen, und die hinterher mit vor Kälte tropfenden Klamotten in meinem Leuchtturm gelandet ist.«

Vermutlich hat der alte Mann recht. Sie schlüpft unter der Decke in ihre Kleidung, die behaglich trocken und warm ist. Dabei protestiert ihr Körper gewaltig, und erinnert sie auf diese Weise an die Strapazen der letzten Nacht.

*

Warum musstest du auch bei dem Unwetter herumspazieren? Warum warst du so unachtsam?, meldet sich prompt ihr Kopf zu Wort.

*

Ihr Herz ist ebenfalls der Meinung, dass so ein Abenteuer nicht wiederholt werden muss. Endlich sind sich die beiden einig.

*

Langsam wird Angelica ihre eigene Leichtsinnigkeit bewusst und vor allem, dass sie den alten Mann, der noch immer mit dem Rücken zu ihr steht, in Gefahr gebracht hat. Angelica ist die ganze Situation außerordentlich peinlich.

»Entschuldigung ...«

Der alte Mann entgegnet gelassen:

»Du bist nicht die Erste und wirst nicht die Letzte sein, die ich aus dem Meer ziehe. Die Gewässer hier sind tückisch.«

Dann zeigt er auf einen Sessel und den Suppenteller. In dem Moment meldet sich ihr Magen mit einem unüberhörbaren Knurren.

Der Leuchtturmwärter lacht.

»Dachte ich's mir. Dem Tod ein Schnippchen zu schlagen, macht hungrig, oder?«

Angelica stimmt ihm verlegen zu.

Die beiden setzen sich und Angelica taucht hungrig Löffel um Löffel in die heiße Fischbrühe mit Gemüse.

»Das schmeckt großartig!«, bemerkt sie zufrieden.

Der Mann sieht ihr amüsiert beim Essen zu.

»Haben Sie keinen Hunger?«, fragt Angelica.

»Doch, aber fast Ertrunkenen dabei zuzusehen, wie sie reinhauen, als hätten sie nie zuvor etwas zu sich genommen, genieße ich jedes Mal«, entgegnet er freundlich und ergänzt:

»Manchmal glaube ich, der Beinah-Tod gibt einem mehr, als er einem nimmt. Zum Beispiel die Freude an den Kleinigkeiten im Leben.«

Dann steht er auf, läuft zu einem schlichten Schreibtisch gegenüber dem Esstisch und dreht sich eine Zigarette. Im Zurückgehen zündet er sie an, hält kurz vor seinem Aussichtsfenster inne und betrachtet die Wellen.

Grummelnd nickt er ein Stück zufriedener vor sich hin. Anschließend setzt er sich wieder zu Angelica an den Tisch.

Diese hat sich einen zweiten Teller Suppe genommen und muss dem alten Mann recht geben.

Ich habe noch nie in meinem Leben etwas so Köstliches gegessen! Wie kann das sein?

Es ist ein Gedicht der Sinne. Nach dem Kampf auf Leben und Tod schreit ihr Körper nach Nahrung. Sie hat keine Ahnung, wie lange sie da draußen im Meer gekämpft hat. Auf alle Fälle ist sie dem alten Leuchtturmwächter für die Rettung unendlich dankbar.

Sie ist wohl knapp an ihrem letzten Stündlein vorbeigehuscht.

Zum Schluss ihrer Grübeleien spricht sie ein ernst gemeintes »Danke!« aus.

Der alte Mann lächelt zufrieden.

»Und mich wollten sie gegen die elektronischen Geräte da drüben austauschen. Das hätte ich gerne gesehen, wie eines von diesen komischen Computerteilen nach draußen gefahren wäre, um dir das Leben zu retten.«

»Man will Sie ersetzen?«, möchte Angelica entsetzt wissen, bevor sie fortfährt:

»Weil diese Computer günstiger sind?«

»Von wegen«, entgegnet der Alte und spricht angeregt weiter: »Weil diese Blechteile angeblich immer da sind und fortwährend aufpassen. Doch was sollen sie bitte tun, wenn jemand wie du in Not gerät? Um Hilfe funken? Irgendjemandem bei einer Notrufstelle Bescheid geben, die während eines Sturms im Ausnahmezustand ist?«

Er macht eine wegwerfende Handbewegung.

»Keiner dieser Computer kann in dem Moment, in dem es notwendig ist, rausfahren oder ist fähig, durch das Fenster zu sehen, mit dem Meer zu reden und zu erspüren, wenn etwas nicht stimmt.«

»Mit dem Meer zu reden?«, fragt Angelica erstaunt.

»Mit dem Meer zu reden!«, bestätigt ihr Gegenüber.

Dann steht er auf, läuft zwei Schritte zum Fenster und blickt hinaus. Es wird still und Angelica ist, als ob der Leuchtturmwärter mit seinen Sinnen zu einer anderen Sprache wechselt. Anschließend grummelt er zufrieden und geht zurück an den Tisch.

»Das Meer ist wie eine Geliebte. Manchmal raunt es stürmisch, manchmal haucht es zart und liebevoll und manchmal ist es fordernd, herrisch und zornig. Aber das Meer ist nur das Meer. Es ist nicht gut oder böse. Man darf ihm nichts übelnehmen, egal in was für einer Stimmung es zu sein scheint.«

Angelicas Löffel verharrt auf dem Weg zum Mund, sie neigt den Kopf zur Seite und sieht den Mann verwirrt an.

Was war denn das für eine seltsame Aussage?
Aber dann lauscht sie und nimmt die Wellen, die stetig gegen den Leuchtturm krachen, zum ersten Mal bewusst wahr. Nach ihrem Erlebnis lösen sie bei ihr ein mulmiges Gefühl aus. Sie fragt sich, ob sie ihnen jemals wieder nahekommen kann.

Der Leuchtturmwärter schmunzelt.
»Ich weiß, was du denkst. So geht es allen, die gerade die Erfahrung der Unberechenbarkeit des Meeres

gemacht haben. Doch es dauert meistens nicht lang und sie sind erneut in tiefer Freundschaft mit dem Meer vereint.«

Angelica nickt verhalten. Das Gespräch mit diesem Menschen ist eigentümlich.

»Wie lange arbeiten Sie schon hier?«

Er denkt nach und kommt zu einem Ergebnis: »Achtzig Winter sollten es langsam gewesen sein.«

»Achtzig Jahre?«, entgegnet Angelica erstaunt.

Sie sieht ihr Gegenüber genauer an.

Er kann niemals so alt sein, oder?

Er ist klein und drahtig, aber sein Blick hat etwas Waches.

»Ich sagte ja, das Meer ist wie eine launische Geliebte. Es hält mich in Form.«

Das dröhnende Lachen des Mannes scheint durch Wände zu gehen, eine Runde um den Leuchtturm zu machen und fröhlich wieder zurückzukehren.

Angelica isst den letzten Rest Suppe und legt höflich den Löffel beiseite. Ihr wird bewusst, dass sie eine Belastung für diesen Mann war und es Zeit wird aufzubrechen. Er hat bereits genug für sie getan.

»Danke für alles! Wie kann ich mich bei Ihnen revanchieren?«

Der Greis zuckt mit den Schultern.

»Es ist ganz gut, dass ich immer mal jemanden aus dem Wasser ziehen muss. So weiß ich wenigstens wieder, warum ich hier oben bin und es nicht verlernt habe, ein Boot durch einen Sturm zu navigieren, wenn es darauf ankommt. Es hat schon alles seine Ordnung, so wie es ist.«, entgegnet er gelassen.

»Ach übrigens, Albert ist mein Name – scheint für knapp dem Tode Entronnene nie so bedeutsam zu sein, wie man heißt, aber man weiß ja nie«, sagt er wohlwollend und zuckt mit den Schultern.

Stimmt, das habe ich ganz vergessen zu fragen. Wie unhöflich von mir.

Sie spürt wie sie rot anläuft.

»Angelica«, entgegnet sie herzlich.

Dann herrscht kurz Stille zwischen den beiden. Schließlich erheben sie sich. Als Angelica ihn vor sich stehen sieht, mit seiner ruhigen Unerschütterlichkeit, kann sie nicht anders.

*

Ihr Herz weiß was kommt und breitet erfreut die Arme aus, um alle Dankbarkeit, die in ihm steckt, fließen zu lassen.

*

Sie tritt zwei Schritte auf ihn zu und umarmt Albert aus ganzem Herzen. Er lacht dröhnend und drückt sie ebenfalls innig.

»Na, ist ja gut, Kleine«, murmelt er wohlwollend.
Eine Träne rinnt aus Angelicas Augen und benetzt das Hemd des alten Mannes. Er riecht nach See und nach alten selbstgedrehten Zigaretten. Sie lässt ihn wieder los und blickt ihm direkt in die Augen. Zum Schluss sagt sie:
»Danke!«
»Los, geh und mach Sachen, die junge Dinger in deinem Alter tun. Schminken, Männern hinterherjagen und so.«

Angelica nickt. Irgendwie glaubt sie, dass auch ihr Leben ein langes wird und sie noch einiges vorhat. Grübelnd läuft sie mühselig die Wendeltreppe hinunter. Draußen streift sie sich die Kapuze ihrer Regenjacke über den Kopf und wandert durch die stürmische Nacht zurück in ihr Quartier. Ihre Glieder protestieren bei jeder Bewegung und erinnern sie daran, respektvollen Abstand zum Meer zu halten, und es gibt nur einen Gedanken, der sie momentan beschäftigt:
Wie kann ich mich bei Albert für seine Hilfe erkenntlich zeigen?

Als sie zum Leuchtturm zurückblickt, meint sie, den Schatten des alten Mannes zu sehen, der durch sein Fenster in die Ferne blickt.

*

Das Universum lächelt.
Manchmal wissen die Menschen nicht, wer hier gerade wem einen Gefallen getan hat. Wenn man allerdings das Geflecht des Universums versteht, ist es eigentlich nicht so schwierig. Doch dazu müsste man über eine unendliche Anzahl an Dankbarkeitsperspektiven und die ungewöhnlichsten Blickwinkel verfügen. Solche, wie es eben nur das Universum hat.
Es schmunzelt beruhigt.
Alles geht seinen Weg.

10.

Als die erste Welle das Boot trifft und das Schiff in Schräglage gerät, rollt der alte, blinde Mann in seinem Bett gegen die Wand. Zuerst öffnet er langsam die Augen, dann schließt er sie gleich wieder.

Er atmet tief durch und gibt seinem Herzen Raum und Zeit, sich auszubreiten und die Umgebung zu erspüren.

Hier ist Angst.

Nicht seine Angst, sondern die der Besatzung eines ganzen Schiffes. Er tastet um sich und sammelt sich einen Moment, bevor er seine Füße auf den Boden stellt. Es ist nicht leicht für ihn, sich zu orientieren, aber wie immer hilft ihm das Herz, wahrzunehmen, was notwendig für ihn ist. Eine weitere Welle trifft das Schiff und bringt es erneut zum Schwanken. Danach bewegt er sich in Richtung Kabinentür, während die Matrosen an ihm vorbei nach draußen drängen. Er kann die vom

Salzwasser durchtränkte Kleidung sowie ihre Furcht geradezu riechen.

Angst wovor?

Als er nach draußen treten möchte, klatscht ihm ein Schwall Meerwasser entgegen und drückt die Tür wieder zu.

Das Universum und sein Humor.
Er muss lachen.
Zuerst war ich bereit, freiwillig auf mein Ende zuzugehen und im Meer zu versinken und nun bin ich auf einem vom Sturm bedrohten Frachtschiff mitten in diesen turbulenten Wassermassen und soll eine Aufgabe auf trockenem Land erledigen. Jetzt scheint es also meine wichtigste Herausforderung zu sein, nicht zu ertrinken.
Er stemmt sich gegen die Tür und den dahinter tobenden Sturm, um nach draußen zu gelangen. Als er im Freien ist, trifft eine weitere Welle das Schiff. Der alte Mann stolpert durch die Wucht des Aufpralls nach hinten, kann sich aber mit einer Hand an der Reling festhalten. Der Frachter bewegt sich hin und her wie ein winziges Stück Holz auf einem ungestümen Gebirgsbach.

Marius atmet die frische Luft ein.
Es ist schön, am Leben zu sein!

Dann dreht er sich um und sucht nach der Tür, um wieder zurückzugehen.

Ich habe einen Auftrag zu erfüllen. Ob hier oder woanders spielt keine Rolle.

Zurück im Schlaflager setzt er sich auf ein leeres Bett. Die wenigen Matrosen, die hiergeblieben sind, schenken ihm keine Aufmerksamkeit, schreien sich stattdessen Dinge zu, die es zu erledigen gilt. Sie rennen aufgeregt an ihm vorbei und wirken aufgelöst. Marius lächelt und erinnert sich an früher, als er ebenfalls glaubte, auf diese Art und Weise seine Probleme lösen zu müssen. Auch wenn durch diesen Stress selten etwas besser wurde, bot das hektische Hin und Her eine gute Möglichkeit, der Angst keinen Raum zu lassen.

Er macht es sich im Schneidersitz mit seiner Gitarre im Schoß bequem und lehnt sich zurück. Er geht in sich und sucht die Melodie, die das Universum vor langer Zeit für ihn erschaffen hat und für ihn bereithält. Um das zu tun, muss er zuerst seine Furcht akzeptieren. Er war zwar bereit, sein Leben hinter sich zu lassen, aber diesmal ist es anders.

Es macht einen Unterschied, ob man einen Schlussstrich ziehen möchte oder von der unerwarteten Endgültigkeit des Lebens überrascht wird.

Er fährt versuchsweise mit den Daumen über die Saiten. Die Klänge erfüllen den Schlafsaal, und sein Herz spürt, wie andere Herzen irritiert aufhorchen.

Ist es nicht eigenartig, wie Menschen beim Anblick einer unermesslichen Kraft wie der des stürmischen Meeres immer glauben, sie mit ihrem Handeln beeinflussen zu können?, fragt sich der Alte. *Wie ungern man sich mit dem Gedanken beschäftigt, dass einem nichts anderes bleibt, als abzuwarten und sich dem Universum zuzuwenden.*

Lächelnd besinnt er sich.

Ich war genauso.

Doch das Warten wurde ihm dann in vielen Jahren beigebracht.

Er lässt seine Finger über die Saiten gleiten, und die Noten des Universums entfalten sich vor ihm. Er schließt die Augen, um sich in der Musik zu finden.

Die Energie seines Herzens breitet sich weiter in der Kabine aus. Dann geht sie darüber hinaus durch einen großen Teil des Schiffes und kehrt wieder zu ihm zurück.

Die Musik, die der alte Mann spielt, handelt von der unendlichen Liebe. Er lässt die Töne für sich sprechen und die Matrosen beginnen zu verstehen. Die Musik flüstert ihnen zu: *Habt keine Angst, denn die Liebe ist immer um euch, egal was passiert.*

Sie dringt in jedes einzelne Molekül, das sich auf und in der Nähe des Schiffes befindet. Ihre Energie geht durch die Tiefen des Meeres in das Zentrum der Erde und über den Himmel zu den Sternen. Überall verbreitet sich die Nachricht der Liebe. Der Mann nickt sich und dem Universum zufrieden zu.

Es ist ein gutes Lied.

Das Herz des alten, weisen Mannes kennt viele Arten, andere zu berühren. Es weiß, dass die Herzen der Menschen so verschieden sind wie ihre Besitzer und jedes in bestimmten Momenten einer besonderen Handlung bedarf, um es aus seiner Trance zu erwecken.

So hat es schon viele berührt und entfesselt. Jetzt gerade hat es die Möglichkeit, die Herzen der Crew eines ganzen Schiffes aus der Hektik des Augenblicks zu befreien und ihnen Ruhe zu geben.

Da jedes Herz seine eigene Form der Berührung braucht, müssen manche sanft gerüttelt, einige mit kräftiger Stimme angesprochen und andere zärtlich gestreichelt werden. Es schüttelt sie, es rüttelt sie, es spricht klare Worte und es streichelt sie. Jedem einzelnen Herz sagt es auf seine eigene Art das Gleiche:

»Habt keine Angst und vertraut auf die Liebe.«

Bald hat es annähernd jedes Herz des Schiffes berührt und in deren Besitzern einen Funken von Wärme und Liebe hinterlassen.

Dadurch nimmt die Hektik auf dem Schiff nach und nach ab. Immer mehr Matrosen sammeln sich um den alten Mann im Schlafraum.
Sie werden leiser und lauschen den Klängen.

Viele mögen auf den ersten Blick rau erscheinen. Sie sind keine Menschen der vielen Worte, doch in den letzten Tagen öffneten sich durch Marius Anwesenheit ihre Herzen und sie wurden gesprächiger. Darum weiß Marius, dass viele dieser Matrosen Narben am Körper und am Herzen tragen. Denn es sind Seefahrer, die sich daran gewöhnen mussten, lange Zeit von ihren Geliebten weg zu sein – getrennt von ihren Familien und Freunden reisten sie in die Ferne. Das hat sie abgehärtet.

Doch jetzt ist die eine oder andere Träne in ihren Augen zu erkennen. Es wird ihnen wieder bewusst, dass es eine Liebe jenseits der körperlichen gibt. Eine Liebe fern jeglicher Erwartungen.
Eine Liebe, die immer da ist.

Obwohl der Sturm nicht friedlicher geworden ist, sind es die Menschen auf dem Schiff. Sie haben aufgehört, hektisch durch die Gegend zu laufen, sich gegenseitig auf die Füße zu treten und sich anzuschreien. Dadurch, dass sich die Matrosen eine Verschnaufpause genommen haben, scheint es, als ob auch das Wetter etwas von seiner emotionalen Heftigkeit verloren hat.

Marius interessiert das wenig, denn er spielt für das Universum und es antwortet ihm.

Dann macht er eine Pause und murmelt ein leises »Danke«, während ihm eine Träne aus dem Auge rinnt. Er ist ergriffen von dem schönen Moment, in dem sein Herz die Möglichkeit bekam, die Herzen der anderen zu berühren.

Das war es wert, damals aus dem Meer wieder herauszukommen und an den Strand zurückzukehren.

Er legt eine Hand auf das eigene Herz und fühlt es pochen. Sein Geist geht in die eigene Tiefe und erkennt, was jenseits der Oberfläche offensichtlich ist. Er nickt seiner eigenen Erkenntnis zu. Dann erhebt er seine Stimme:

»Bringt mich zum Kapitän.«

Marius fühlt den Zweifel, der in der Luft liegt, aber schließlich stehen zwei Matrosen auf und nehmen den alten weisen Mann behutsam an den Händen.

Ihr Unbehagen, wieder in das Unwetter hinauszugehen, ist deutlich wahrnehmbar, doch sie erkennen, dass er vielleicht auf eine Weise helfen kann, wie es ihnen nicht möglich ist.

Nachdem sie die Kajüte verlassen und sich in die Maschinenräume begeben haben, wirft das Geschaukel des Schiffs die drei beständig von links nach rechts. Sie müssen sich ständig abstützen und stolpern mehr vorwärts als das sie gehen, doch die Matrosen führen ihren Gast Schritt für Schritt sicher durch das Innenleben des Schiffes, immer näher an das Steuerhaus heran.

Das letzte Stück führt sie ihr Weg die Treppen im stürmischen Regen nach oben. Auf halben Weg dreht sich Marius in Richtung Himmel, und die Seemänner halten ihn erschreckt fest.

Sie fragen sich vermutlich, ob er nun endgültig den Verstand verloren hat, aber das kümmert ihn nicht. Er hebt die Hände zum Mund, küsst sie und breitet sie herzförmig aus. Dann schreit er in den Sturm: »Deine Größe ist unermesslich«, und er lacht, während sein Ruf im Donnern des Unwetters untergeht.

Die Matrosen sehen sich verwirrt an, doch in diesem Moment erschüttert die nächste Welle das Boot und die drei werden gegen das Geländer gedrückt. Sie packen den alten Mann in die Mitte und bewältigen die letzten Meter mehr kriechend als aufrecht gehend. Wasser spritzt ihnen von allen Seiten entgegen, während grelle Blitze die düstere Wolkendecke zerreißen.

Bei der Kommandobrücke angekommen reißen sie die Tür auf und stürzen hastig in die Steuerzentrale des Schiffes. Nur Marius scheint zwar durchnässt aber entspannt zu sein.

Der Kapitän dreht sich überrascht um und fährt die drei an: »Was macht ihr hier? Verdammt, wir haben heftigen Seegang falls euch das noch nicht aufgefallen ist! Keine Ahnung, wie ich uns heil hier herausbringen soll, und ihr habt nichts Besseres zu tun, als hier mit dem Greis reinzuplatzen?«

Wie aufs Stichwort trifft eine weitere Welle das Schiff und die Besatzung versucht, an den Wänden Halt zu finden.

Marius lächelt und schließt die Augen.
Hier ist der Ort des letzten Widerstands.

Sein Herz hat es bisher nicht geschafft, sich hier auszubreiten, weil ein anderes, zu stolzes Herz nicht bereit war anzunehmen, dass hier Größeres im Gange ist.

Es begreift nicht, dass es an der Zeit ist, loszulassen, darum beherrscht Furcht diesen Ort.

Marius versteht den Kapitän gut. Er spürt die Bürde der Verantwortung, die auf ihm lastet, weil sich die Mannschaft des Schiffes auf ihn verlässt. Der blinde Mann geht langsam nach vorne. Er macht einen Schritt durch die Mauer, mit der sich der Kapitän umgibt und durch die er versucht, sich und seine Umgebung zu schützen – auch wenn sich hinter dieser hauptsächlich die eigene Unsicherheit versteckt.

Kurz erstarrt der Schiffsführer, denn er kann die Dreistigkeit, mit der der Greis seine Autorität missachtet und zu nahe an ihn herantritt, nicht fassen.

Der Alte hebt die Hand und berührt die Brust des Kapitäns, um ihm direkt ins Herz zu blicken. Obwohl er flüstert, können ihn alle über das Rauschen des Sturmes hinweghören.

»Sie geben Ihr Bestes – alle wissen das. Doch das reicht *jetzt* nicht mehr.«

Er blickt dem stolzen Mann mitfühlend in die Augen.

»Heute müssen Sie auf Ihr Herz *und* Ihre Erfahrung vertrauen. Lassen Sie die beiden sich gegenseitig die Hand reichen, damit sie uns gemeinsam durch den Sturm navigieren können. Der Verstand ist ohne seinen Verbündeten in diesem Unwetter am Ende seiner Weisheit angekommen.«

Dann tritt Marius einen Schritt nach hinten. Er gibt das autoritäre Feld des Kapitäns wieder frei. Anschließend dreht er sich um und will die Brücke verlassen.

Aber eine harte und gleichzeitig zittrige Stimme, ruft ihn zurück: »Stopp!«

Der Greis hält inne, dreht sich um, und die Stimme des Kapitäns wird weicher: »Geh nicht.«

Marius nickt.

Er sucht sich einen freien Platz an der Wand, setzt sich nieder und sagt den Matrosen, dass sie ihm seine Gitarre bringen sollen.

*

Der Kapitän betrachtet den alten Mann einige Sekunden gedankenverloren. Er ist lange genug Schiffsführer und hat einiges gesehen, das anderen Leuten für immer verborgen bleibt.

Vor allem hat er viele Stürme auf hoher See erlebt, auch solche, bei denen andere Schiffe gekentert sind. Er wäre nicht so lange Kapitän geblieben und hätte nicht viele Schiffe in den sicheren Hafen geführt, wenn er nicht wüsste, wie die Zeichen des Universums zu deuten sind. Aber der Sturm heute war bemerkenswert heftig. Der Kapitän übergibt an seinen Kollegen, marschiert zu dem blinden Mann, kniet sich nieder und betrachtet ihn aufmerksam.
»Danke«, sagt er fest.

Danach steht er auf und dreht sich zu seiner Besatzung, die ihn mit offenem Mund beobachtet. In ihren Gesichtern liest er, sie können es nicht glauben, dass sich jemand gegen ihn auflehnt und er sich dafür bedankt.
Der Kapitän geht zurück in die Mitte der Kajüte.

Sie werden verstehen müssen, dass heute ein außergewöhnlicher Tag ist.

Er verschränkt die Hände hinter dem Rücken, stellt sich breitbeinig hin und sieht durch das Fenster hinaus auf das tobende Meer.

Dann schließt er die Augen und erinnert sich, wie er als Junge auf hoher See unterwegs war. In einer Zeit, in der es kaum elektronische Geräte gab, die alles steuerten und überwachten. Als es nur ihn, sein schlichtes Boot und ein Segel gab. Er fühlte, wie er und sein Segel eins mit dem Wind wurden. In diesen Momenten dachte er nicht mehr, sondern spürte, was zu tun war. Und er zögerte nie, weil er selbst zum Schiff wurde.

Mit geschlossenen Augen hört er sein Herz klopfen. Der alte Kapitän mit seiner jahrelangen Erfahrung reicht dem Knaben in ihm die Hand und er verschmilzt mit sich selbst.

Wissen wird eins mit dem Gefühl des Herzens und dem Mut seines inneren Kindes, das er vor langer Zeit einmal war.

Dann wendet er den Blick noch einmal zu dem alten Mann.
Für jeden gibt es eine Aufgabe und ich glaube, wir beide mögen die Herausforderungen im Leben.
Die Stimme des Kapitäns dringt durch die Kajüte. Sie ist klar, leise und kraftvoll.
»Stellt auf manuelle Steuerung um.«

*

Es wird still als die Besatzungsmitglieder sich irritiert ansehen. Einige von ihnen blicken zu den unendlichen Reihen an Kontrollleuchten, denen sie in den letzten Jahren gelernt haben zu vertrauen.

Ich weiß selbst nicht, wann dieses Boot das letzte Mal von Hand gesteuert wurde, denkt der Kapitän bei sich. Er lässt sich seiner Besatzung gegenüber jedoch nichts anmerken.

Eigentlich sind die Computer in vielerlei Hinsicht zuverlässiger. Doch in dieser Situation ist alles anders, das spürt er. Mit deutlich sichtbaren Zweifeln in ihren Gesichtern überlassen sie ihm die Steuerung des Bootes.

Es ist sein Schiff und seine Entscheidung.

*

Er greift nach dem Steuerruder und lächelt sanft, während er langsam über das Holz streicht und eine Verbindung zu etwas sehr Altem zu entstehen scheint.
»Mein Freund«, raunt er.
Dann hört er sein Herz »*Hart Steuerbord*« rufen und er reißt das Steuer mit sicherer Hand herum. Eine innere

Stimme rät ihm, die Geschwindigkeit zu drosseln, und er folgt ihr.

Die nächsten Stunden ist der Kapitän eins mit dem Meer, mit seinem Herzen und seiner Erfahrung. Intuitiv weiß er, wann er den Kurs ändern und wie er das Schiff in die Wellen legen muss. Er vernimmt das Knarren in den Teilen, die besonderer Belastung ausgesetzt sind, erkennt die Winde des Meeres und sieht seine Untiefen. Er nimmt die Wellen an ihrem Tiefpunkt, gleitet durch ihr Tal und spürt, wie sie hinter ihm zusammenbrechen.

Die ganze Zeit über ist die unauffällige Musik einer Gitarre zu hören. Sie spielt das Lied der Liebe, während der Kapitän das Schiff durch den Sturm navigiert. Er hat seine Angst bewältigt und ist eins geworden mit den Naturgewalten.

Es ist ein turbulenter Ritt, doch mit der Zeit werden die Wellen niedriger, der Wind verliert an Heftigkeit, und schließlich liegt der Sturm hinter ihnen.

»Gut gemacht!«, ruft der Kapitän seiner Besatzung und sich selbst zu, als ihm bewusst wird, dass die schlimmste Gefahr gebannt sein sollte. Er dreht sich um betrachtet seine Besatzung, die sich verkrampft an allem festgehalten hat, was sie finden konnten. Unsicher lassen sie langsam wieder los. Obwohl der Kapitän erschöpft ist, richtet er sich noch einmal auf. Er schaut allen fest in die Augen, spricht mit kräftiger Stimme zu ihnen:

»Autopilot an! Erster Offizier – Dein Schiff«

Er wartet, bis die Anzeige des zugehörigen Instruments aufleuchtet und sein Stellvertreter den Posten bezogen hat.

Dann ergänzt er leiser:

»Ich danke euch für euer Vertrauen.«

Seine Knie werden weich und er schafft es noch sich bis in die Nähe des alten Mannes zu bringen. Dort lässt er sich nieder, legt den Kopf neben ihm an die Wand und hört seinem Spiel mit geschlossenen Augen zu.

»Haben wir es geschafft?«

Der alte, weise Mann antwortet lächelnd: »Jedes Ende hat seine Zeit, und unseres ist nicht gekommen. Noch lange nicht.«

Der Kapitän seufzt. »Ich danke dir aus tiefstem Herzen!«

Kurz darauf fallen ihm die Augen zu und sein Kopf rutscht auf die Schulter des Gitarrenspielers, als er vor Erschöpfung einschläft.

Ruhig spielt der Blinde weiter sein Lied, während sein Kopf im Takt der Musik wippt.

11.

Schwerfällig schlägt Angelica am nächsten Tag die Augen auf. Sonnenstrahlen fallen durch die Fensterscheiben des überschaubaren Dachzimmers im Gästehaus und kitzeln sie an der Nase. Sie blinzelt verwirrt von der Helligkeit. Staubpartikel reflektieren das Licht und fliegen weiß glänzend durch die Luft.

Die Zeiten des Sturms sind vorbei.

Dann erinnert sie sich an die gestrige Nacht und ist heilfroh, am Leben zu sein. Ein zweiter Gedanke durchflutet sie beim Anblick der Sonne: *Endlich kann ich nach Lissabon, um dort hoffentlich dem blinden Mann zu begegnen.*

Sie stutzt, als sie bemerkt, dass sich dieser Wunsch anders anfühlt. Als hätte er an Kraft verloren. Etwas scheint sich gestern in ihrem Inneren verschoben zu haben.

»Vielleicht verändert sich die Perspektive, wenn man knapp am Tod vorbeischrammt«, murmelt sie.

Eventuell hat auch das Gespräch mit Albert in ihr eine Veränderung ausgelöst. Sie schüttelt den Kopf, steht auf und zieht sich an. Bei jeder Bewegung schießen Schmerzen durch ihren geräderten Körper und erinnern sie daran, dass er alles gegeben hat, um sie am Leben zu erhalten.

»Danke«, flüstert sie und hält dabei kurz inne.

Wahrscheinlich wäre es klüger, im Bett zu bleiben, aber das geht nicht. Nach der heftigen Begegnung mit dem eisig kalten Meer hat die Sonne eine unwiderstehliche Anziehungskraft auf sie.

So macht sie sich entschlossen, wenn auch innerlich stöhnend, auf den Weg ins Erdgeschoss. Dort sieht sie ihre Vermieter und beantwortet deren sorgenvolle Fragen um ihr Wohlbefinden. Es war für sie ein Schock, als Angelica ihnen gestern desorientiert von ihrer Begegnung mit dem Leuchtturmwärter und dem Grund dafür erzählte.

Höflich lehnt sie den angebotenen Tee ab, denn sie will nach draußen. Als sie fast aus der Tür ist, rufen sie ihr hinterher: »Die Fluggesellschaft hat sich gemeldet. Sie nehmen den Flugverkehr wieder auf.«

Als sie das hört, hastet Angelica, so schnell ihr Zustand es erlaubt, zurück. Doch sie erfährt wenig Neues. Sie ist nicht auf den ersten Plätzen der Warteliste, also muss sie sich gedulden. Der Flughafen wird sich melden, sobald sie ihr ein sicheres Abflugdatum nennen können.

Angelica bedankt sich und zuckt innerlich mit den Schultern. *Seltsam, es scheint nicht mehr so wichtig zu sein wie vor Kurzem.*

Sie geht nach draußen, streckt ihr Gesicht zum Himmel und genießt die Wärme der Sonnenstrahlen auf ihrer Haut. Nach dem gestrigen Erlebnis in der Kälte des Meeres fühlt sich die Sonne noch wohltuender an, als es normalerweise der Fall ist. Der wolkenlose Himmel lässt nicht vermuten, dass es bis vor Kurzem geregnet und gestürmt hat, als wäre der Weltuntergang nahe.

*

Das Universum blickt grübelnd auf das Stundenglas, dessen beständiges Rieseln die Vergänglichkeit von Angelicas Zeit bis zu ihrer nächsten Entscheidung anzeigt.

Manchmal geschehen sowohl innere als auch äußere Veränderungen in wenigen Stunden. Oftmals sogar in Sekunden.

*

Verwirrt von ihrem plötzlichen Desinteresse, nach Lissabon zu kommen, schlendert Angelica Richtung Meer. Zuerst sind ihre Schritte zögerlich, doch dann werden sie immer nachdrücklicher. Am Strand sieht sie, wie die Sonne das Wasser zum Glitzern bringt und hört die Wellen milde ans Ufer rollen.

Schwer zu glauben, dass hier gestern Nacht die Wassermassen getobt haben, denkt sie bei sich, während sie sich in sicherer Entfernung zu den Wellen niederlässt.
Wie soll ich etwas, das mich mühelos verschlungen und mir nahezu das Leben genommen hat, je wieder vertrauen? Dabei verhält es sich heute so friedlich wie ein friedvoller Bergsee und nicht wie ein turbulenter Bestandteil des ungestümen Ozeans.

In Gedanken versunken erinnert sie sich an das Gespräch mit Albert und bemerkt erst nach einiger Zeit den Jugendlichen, der zielsicher auf sie zusteuert.
 Er scheint zu ahnen, dass sie nicht von hier ist, denn als er in Hörweite ist, fragt er auf Englisch:

»Was machst du hier so allein?«

»Lieber allein als in schlechter Gesellschaft«, ruft sie verblüffend schlagfertig zurück. Der junge Mann hebt die Hände zur Brust, als hätte ihn ein Pfeil getroffen, und sinkt theatralisch auf die Knie in den Sand.

»Autsch, das hat wehgetan! Mitten ins Herz«, sagt er mit schmerzverzerrter Stimme.

Angelica kann nicht anders, sie muss schmunzeln.

Gut gekontert.

Sie ist besänftigt.

Er rappelt sich gespielt schwer atmend auf, zwinkert ihr zu und lässt sich neben ihr nieder. Er hat blonde, zu einem Zopf zusammengebundene Haare und ein fröhliches Lächeln, das seiner blassen Haut Farbe verleiht.

»Ist hier ein Platz frei?« Er grinst.

Angelica funkelt ihn wieder irritiert an.

»Jetzt wohl nicht mehr. Du sitzt ja bereits hier.«

»Stimmt«, entgegnet er gelassen.

Mehr will er offenbar nicht sagen und blickt stattdessen aufs Meer. Angelica betrachtet ihn verwirrt von der Seite, bevor sie sich dem Wasser zuwendet.

Nach einigen Minuten des Schweigens fragt er: »Lass mich raten, dich hat's erwischt.«

Er scheint direkt und ohne Umschweife auszusprechen, was er denkt, stellt sie fest und das erinnert sie an jemanden, der ihr viel bedeutet. Langsam wird er ihr sympathisch.

»Was meinst du?«

Er nickt zum Meer. »Wie knapp war es?«

Angelica dämmert langsam, dass er auf ihren Unfall am gestrigen Tag anspielt.

Ich wüsste nicht, was dich das angeht.

Sie schämt sich ein bisschen dafür, was passiert ist. Darum beschließt sie, die Ahnungslose zu mimen.

»Keine Ahnung, wovon du redest«, erwidert sie trocken.

*

Ihr Herz seufzt. Sich anderen gegenüber zu öffnen, ist für Angelica ein bisschen, wie regelmäßig ins Fitnessstudio zu gehen. Ab und zu öffnet sie sich, aber es zur festen Gewohnheit werden zu lassen und immer mit offenem Herzen auf die Menschen zuzugehen, das fällt ihr schwer. Es schüttelt den Kopf.

Schade, dass sie nicht geübter ist.

*

Da meldet sich eine zarte Stimme und flüstert dem Herz zu:

»*Gib ihr Zeit.*«

*

Das Herz sieht neugierig in die Luft.
Soso, die Seele ist noch immer nahe. Sehr gut!
Es atmet auf und beschließt auf die Seele zu hören und sich ausnahmsweise in Geduld zu üben. Keine triviale Aufgabe für ein Herz, das jeden Moment bereit wäre, die ganze Welt mit einer Umarmung zu verändern.

*

Währenddessen teilt der junge Erwachsene seine Überlegungen mit Angelica:

»Hm ... Weißt du, wenn es so stürmisch ist wie in den letzten Tagen, sind die Strömungen und Winde hier unberechenbar. Es kommt immer wieder vor, dass Menschen zu nah am Meer spazieren, von einer Welle erfasst werden und am Ende vom alten Leuchtturmwärter aus dem Wasser herausgezogen werden müssen, weil sie es aus eigener Kraft nicht an Land schaffen.«

Er schmunzelt und spricht weiter:

»Die Menschen, die knapp mit dem Leben davongekommen sind, kehren fast alle hierher zurück, als würden sie magisch angezogen. Seltsam, oder? Aber sie sitzen dann meistens an dieser oder einer anderen Stelle am Strand, schauen auf das Meer und wirken gedankenverloren. Manchmal beobachte ich sie aus der Ferne. Sie haben was ... Neues an sich. Ich frage mich oft, ob sie nicht unglaublich viel gewonnen haben, weil sie fast ihr Leben verloren hätten. Ab und zu unterhalte ich mich mit ihnen und es scheint, als wären die Illusionen, die sie vorher hatten, gestorben. Dinge, die ihnen zuvor bedeutsam waren, sind es plötzlich nicht mehr.«

Er unterbricht sich und hebt die Hände, als suchte er nach den richtigen Worten.

»Wahrscheinlich wird alles in eine neue Perspektive gerückt.«

Er schaut Angelica forschend an, bevor er weiterspricht: »Ich hätte schwören können, dass du auch zu diesen Menschen gehörst. Du sitzt hier mit demselben besonderen Ausdruck, den sie haben, wenn sie aus dem Meer zurückkommen.«

Angelica sieht betreten auf ihre Füße. Dann beginnt sie, mit einem Finger Muster in den Sand zu zeichnen. »Ich war so blöd ...«

Der junge Mann lacht und Angelica starrt ihn verärgert an. Wie kann er so ... gemein sein und sie ausgerechnet jetzt auslachen?

Doch dann scheint er in ihrem Gesichtsausdruck zu lesen, was sie denkt, und versucht sie zu beruhigen: »Hey, ich mache mich nicht über dich lustig ... Es gibt keinen Grund, sich zu schämen. Dann und wann erwischt es auch die Einheimischen und nicht nur die Touristen. Selbst wir unterschätzen das Meer manchmal, obwohl wir es seit Jahren täglich erleben und es besser wissen müssten. Aber vielleicht macht gerade seine Unberechenbarkeit die Faszination des Meeres aus?« Er zuckt mit den Schultern. »Es ist schon einigen passiert, dass sie das Meer eingeholt hat.«

Angelica sieht ihn neugierig an. »Auch dir?«

»Sagen wir einfach, ich hab sehr früh ziemlich gut schwimmen gelernt«, entgegnet er, als er sie neckisch mit der Schulter anstupst. Dann senkt er den Kopf und zeigt Angelica mehrere elegante Schwimmzüge mit seinen Armen.

Angelica kichert.

»Du bist ein absolut schräger Kerl.«

Er schaut sie nachdenklich an. »Wahrscheinlich hast du recht. Man sagt mir nach, dass ich das von meinem Großvater habe.«

»Von deinem Großvater?«

Er deutet mit dem Kopf zum Leuchtturm. »Derselbe Kauz, der dich aus dem Meer gezogen hat.«

»Der alte Mann im Leuchtturm, Albert?«

Er nickt.

Angelica denkt an Alberts seltsame Art. Langsam ergibt das alles einen Sinn. Wie der junge Mann spricht und wie er sich verhält.

»Das war sicher eine spannende Kindheit.«

Erneut lacht ihr Gegenüber schallend. »Darauf kannst du wetten! Er war immer in seinem Leuchtturm und ich habe ihn so oft wie möglich besucht. Es war großartig, wenn wir gemeinsam Ausschau hielten.«

Er lässt den Blick über das Meer und die Wellen gleiten. »Es hat diese unwiderstehliche Anziehungskraft.«

Angelica betrachtet ihn genauer. Sein kantiges Gesicht, sein Dreitagebart sowie sein lockeres Hemd, eine Jeans und die Seglerjacke passen eindeutig hierher. Um die Mitte zwanzig, schätzt sie.

»Wie heißt du eigentlich?«

»Wie unhöflich von mir.« Er zwinkert. »Ich heiße Elias, und du?«

»Angelica«, sagt sie lächelnd.

»Hallo Angelica, schön, dich kennenzulernen! Hast du Lust, heute Abend mit mir auszugehen?«, fragt er, als wäre es das Normalste auf der Welt, wildfremde Leute um Dates zu bitten.

Angelica überlegt kurz, ob es scharfsinnig ist, an einem Ort, den sie nicht kennt, mit einem Mann, den sie vor zehn Minuten getroffen hat, etwas zu unternehmen. Andererseits ist er ihr eindeutig sympathisch.

Gefährlicher als der Spaziergang am Meer wird es nicht mehr. Außerdem verdanke ich seinem Großvater mein Leben.
Sie nickt.

*

Ihr Herz macht einen Luftsprung.
Sie kann ja doch vertrauen.
In diesem Moment breiten sich lichtvolle Schmetterlinge und Vorfreude in Angelicas Bauch aus.

*

Das Universum beobachtet beeindruckt das Farbenspiel, das durch das Geflattere der bunten Wesen entsteht.
Wie schön, wenn sich zwei Menschen füreinander öffnen.

12.

Der alte Mann steht an der Reling und betrachtet mit seinem Herzen das Meer. Er erkennt mehr als die Matrosen, die noch immer ein wenig rastlos auf dem Schiff auf und ab gehen. Dennoch sind sie friedlicher geworden und der Sturm hat sich verzogen.

Marius beginnt erneut zu spielen. In seiner Musik erzählt er von seiner Vergangenheit, der Frau und dem Kind, die er damals, als er nach Lissabon aufbrach, zurückließ. Die Melodie erzählt von einer Zeit, als er nichts vom Universum wusste. Als er glaubte, dass Rationalität, harte Fakten und nüchterne Zahlen alles beherrschen, erklären und lösen können. Er spielte den überzeugten Chef, und seine Rolle wurde irgendwann so real, dass ihm nicht mehr bewusst war, dass er tief im Inneren ein anderer war.

Die Melodie, die von der Vergangenheit handelt, ist neu für ihn. Er hat sie noch nie zuvor gespielt, sowie er auch jene Ereignisse noch nie jemandem erzählt hat.

Er überlegt, warum das Universum ihn auf diesen verworrenen Weg nach Wien schickt. Dorthin, wo vermutlich noch immer seine Frau und sein Kind wohnen. Eine Stadt, der er vor langer Zeit den Rücken gekehrt hat. Zum ersten Mal seit Ewigkeiten plagen ihn Schuldgefühle und bringen für einen kurzen Moment seine Verbindung zum Universum ins Wanken.

Ohne die Unterstützung des Universums fängt sein Kopf plötzlich an, ihn mit einer Unmenge an Fragen zu verunsichern:

Wirst du sie treffen? Glaubst du wirklich, sie werden dir verzeihen, obwohl du einfach so deine Sachen gepackt hast und ohne ein Wort verschwunden bist?

Auch wenn es keine schönen Gedanken sind, die ihm durch den Kopf schwirren, ist er mittlerweile überzeugt, dass es kam, wie es kommen musste. Es gab für ihn keinen anderen Ausweg. Dennoch wird der alte Mann traurig.

Die Matrosen sehen ihn im Vorbeigehen verwundert an. Es geht ihnen wie allen, die einen vermeintlichen Helden erleben und dann feststellen, dass auch er nur ein Mensch ist, mit ähnlichen Sorgen und Ängsten wie sie.

Einer der Matrosen setzt sich zu ihm und bietet ihm eine Zigarette an. Marius lächelt, während ihm eine Träne nach der anderen über das Gesicht rinnt. Dann schüttelt er behutsam den Kopf. Der Seemann nickt in seinen eigenen Gedanken vertieft. Er zündet die Zigarette an, und sie richten gemeinsam ihren Blick aufs Wasser. Während der Matrose das weite Blau des Meeres sieht, nimmt Marius mit seinem Herzen die Ruhe in den unendlichen Tiefen des Meeres wahr.

Nach einer Zeit der Stille fragt der Matrose:
»Familie?«
»Familie«, entgegnet der alte Mann zögernd.
Der Seemann nimmt einen Zug von seiner Zigarette und pustet den Rauch in die kühle Luft. »Geflüchtet?«

Marius denkt über die Bedeutung dieses Wortes nach.
Bin ich das? Geflüchtet?
Die Zeit scheint für ihn in dem Moment stillzustehen, als er über die Frage nachsinniert und in seine Vergangenheit abtaucht.
Vielleicht.
Womöglich gibt es eine Perspektive, aus der man die Sache genau so sehen konnte.

Für ihn schien es damals der einzige Weg zu sein. Bis zum heutigen Tage kann er nichts entdecken, was diese Option infrage stellte. Dennoch ist er alt genug, um sich zu fragen, ob er die anderen Möglichkeiten nicht fand oder ob er sie nicht wahrnehmen wollte.

»Wahrscheinlich«, murmelt er.

Der Matrose zeigt mit der Hand auf das Schiff und seine in ihre Arbeit vertieften Kollegen.

»Wir alle fliehen vor irgendwas. Wir gehen auf ein Schiff und kommen erst Wochen oder Monate später zurück. Manche von uns haben es aufgegeben, feste Beziehungen einzugehen. Die, auf die das nicht zutrifft, fahren jedes Mal mit einem Stein im Herzen aufs Meer. Er verschwindet erst, wenn sie ihre Liebsten wieder in die Arme schließen können und sicher sind, dass sie einen Platz im Leben ihrer Familie haben.«

Er zieht an den letztem Rest Zigarette. Dann drückt er sie am Boden aus, verwahrt sie in einer abgewetzten Schachtel, die er aus seiner Hosentasche holt, und steht auf.

Abschließend blickt den alten Mann nochmals an und fügt hinzu: »Wir alle wissen, dass es eine Erleichterung ist, herauszufinden, ob dieser Platz da ist, egal wie schmerzhaft die Antwort in diesem Moment sein mag. Ohne Antwort werden wir immer einen Stein im Herzen tragen.«

Marius nickt ihm zu.

»Danke, ich werde es mir zu Herzen nehmen.«

»Das wäre wahrscheinlich gut, denn man sollte die Gelegenheiten nutzen, die einem das Leben schenkt.«, sagt der Matrose und schlendert davon, während sein Blick über das Meer streift.

Ja, vermutlich wäre das etwas, das auch ich anderen Leuten raten würde, stellt Marius fest.

13.

Angelica fragt sich, was mit ihr los ist.

Solltest du dich nicht von deinem stürmischen Erlebnis erholen oder dich zumindest ..., versucht sich ihr Kopf Gehör zu verschaffen, doch Angelica verdrängt den Gedanken, bevor er eine Chance hat, seine Bedenken fertig zu äußern.

Statt den Grübeleien Raum zu geben, lässt sie sich an Elias' Hand durch die Nacht treiben. Die Türen der Bars und Lokale öffnen sich für ihn wie von Zauberhand und sie müssen weder in der Schlange stehen noch die teuren Eintrittspreise bezahlen. Jeder hier scheint ihn zu kennen.

So nimmt er sie an seiner Hand mit in seine Welt.

Es ist ein Rausch des Lebens, der sich für die beiden auftut. Sie tanzen, sie trinken, sie lachen und sie berühren sich. Am Anfang sind die Anbahnungen zaghaft, doch umso länger sie durch die Nacht tanzen, desto inniger werden sie. Das Knistern zwischen den beiden ist deutlich zu spüren. Seine Hände legen sich sanft um ihre Hüften, ihre Finger berühren wie beiläufig seine Wange, während sie sich gemeinsam dem Rhythmus der Musik hingeben.

Auch jetzt gerade sind sie in einer schummrigen Diskothek. Der tiefe Bass dringt durch Angelicas Körper und bringt ihn zum Schwingen. Es ist, als hätte sie das gestrige Erlebnis am Meer befreit und vor allem hungrig auf das Leben gemacht. Die Discostrahler werfen ihr flackerndes Licht durch den Raum und bilden Schatten von sich bewegenden Körpern, die ohne Worte kommunizieren und sich ausgelassen näherkommen.

Elias kommt mit zwei Bier in den Händen auf sie zu. Sie stoßen an und als sich ihre Blicke treffen, steht für einige Sekunden die Zeit still. Die Schmetterlinge in ihrem Bauch machen Loopings und flattern begeistert umher. In ihr herrscht Gefühlschaos.
Aber was heißt hier Chaos? Es ist großartig!

Sie weiß, was sie will: einen Kuss von diesem beeindruckenden Mann mit dem grandiosen Lächeln. Vergessen sind die Turbulenzen der letzten Tage. All die

Fragen, die sie beschäftigt haben, lösen sich in Luft auf. Sie fühlt sich entspannt und genießt die Freiheit wie schon lange nicht mehr. Alles wirkt neu, aufregend und frisch.

Wow!

Die Musik wechselt zu einem langsameren Takt. Elias nimmt ihr das Getränk aus der Hand und stellt es auf einem schlichten Stehtisch ab. Dann wendet er sich ihr erneut zu und zieht sie mit einer fließenden Bewegung nah an sich heran. Er sieht ihr tief in die Augen. Sie kommt sich vor, als wäre sie wieder dreizehn und kurz vor ihrem ersten Kuss. Die gleichen Schmetterlinge, die gleiche Aufregung, die gleiche freudvolle Erwartung.

Wie wird es sein?

Seine Hände an ihren Hüften erzeugen knisternde Stromschläge auf ihrer Haut. Sie legt die Arme locker um seinen Nacken. Als Paar bewegen sie sich im Takt der Musik, während sich ihre Augen erneut in der Unendlichkeit treffen. Der Song scheint ewig zu dauern und immer wieder nähern sich ihre Lippen einander an, berühren sich jedoch nie. Die beiden spielen mit der Möglichkeit, dass etwas geschehen könnte, ohne es zuzulassen. Dieses Spiel steigert Angelicas Verlangen nach diesem Kuss noch mehr.

Doch dann ändert sich die Musik und wird wieder temporeicher. Ein harter Bass dringt durch den Raum, der nicht zur Stimmung der beiden passt. Sie waren kurz davor, ihre Lippen wenige Zentimeter voneinander entfernt, aber jetzt ist der Zauber gebrochen und sie sehen sich verwirrt um.

Um ihrer Enttäuschung ein Ventil zu geben, wenden sie sich voneinander ab und greifen beide nach ihrem Bier. Sie trinken einen Schluck. Anschließend dreht sich Angelica wieder in Elias' Richtung und merkt, dass auch er mit der Situation unglücklich ist.

So kann dieser Moment nicht enden.

Etwas in ihr will mehr. Ihr Bauch, ihre Seele oder ihr Kopf – sie weiß nicht, was, doch dieses Etwas in ihr schreit danach, sich hinzugeben, nicht nachzudenken, sondern nur zu spüren. Es scheint zu sagen: *Pass auf, das Leben ist zu kurz. Es wäre gestern fast vorbei gewesen. Worauf wartest du? Nimm am Leben teil, ergreife es mit beiden Händen und genieß es! Jetzt!*

Für einen Augenblick überlegt sie, wie viele Menschen nicht wussten, dass sie gleich sterben würden, und dann war es plötzlich so weit. Ohne Fanfaren, Pauken und Trompeten – einfach so schlossen sie für immer die Augen. Was für ein seltsamer Gedanke.

*

Das Herz hat in diesem Moment keine Lust auf Schwermut. Es öffnet sich, wird weit und beginnt sich auszubreiten.

Es will sich erleben!

Nicht in der lichtvollen Liebe, aus der es kommt, sondern hier auf der Erde. Das ist es, warum es hier ist, um sich zu verwirklichen. Zu fühlen und zu spüren auf eine Art und Weise, wie es die allumfassende Liebe in der geistigen Welt nicht kann. Es lässt ein Vibrieren durch Angelicas Körper fließen und sorgt dafür, dass ihre Existenz erneut in Freude und Glück das Leben feiert.

*

In diesem Moment beginnt Angelica zu lächeln, streckt ihren Arm nach vorne und zieht Elias zu sich heran. Dann ist es soweit – ihre Lippen berühren seine. Als sich ihre Zungenspitzen finden, saust ein Blitz durch ihren Körper und sie geht in diesem herrlichen Kuss auf, als wäre es der erste und letzte, den sie je bekommen wird. Sie schließt die Augen, während sie sich dieser Empfindung hingibt.

Angelica nimmt seine Hände auf ihrem Rücken wahr, die sie zart und gleichzeitig bestimmt an Ort und Stelle halten und ihr Sicherheit geben.

Sie atmet tief ein und meint, das Meer an ihm riechen zu können. Es ist ein salziger Duft von Weite und er erinnert sie an die Wellen, die gestern Nacht über ihr zusammenschlugen.

Doch gerade ist es nicht furchteinflößend, sondern eine Umarmung, der sie sich ganz hingeben kann. Sie fühlt sich in seinen Armen sicher und geborgen.

Nach einer Ewigkeit dringt die Musik wieder zu ihr durch. Sie dröhnt in ihren Ohren, und Angelica fragt sich, wie lange sie eng umschlungen stehen. Schließlich öffnet sie die Augen, löst sich und tritt ein Stück zurück. Dann blickt sie forschend in die blauen Augen ihres Gegenübers. Er grinst und sie sieht es in seinem Blick funkeln.

Dieses Lächeln ist echt der Hammer!

Elias beugt sich nach vorne an ihr Ohr.

»Wollen wir abhauen?«

Angelica nickt, denn die Diskothek scheint zu eng geworden zu sein. Sie bietet zu wenig Raum für ihre Gefühle, zu wenig Platz für ihre Freude, zu wenig Freiheit für ihr wild pochendes Herz. Er nimmt sie bei der Hand und sie laufen los. Ein wohliger Schauer durchfließt Angelica.

Wie ist es möglich, dass ein Kuss und eine Berührung einen derartig in eine andere Welt versetzen? In eine Welt jenseits von allen Ängsten und Zweifeln ...

*

Ihr Herz strahlt.
Wenn du wüsstest, Angelica. Wenn du wüsstest. Das ist erst der Anfang von dem, was die Liebe kann!

*

Draußen neben der Eingangstür lehnt sie sich an die Wand, und Elias drückt sich kurz an sie, um sich zärtlich den nächsten Kuss von ihr zu holen. Die beiden sind rastlos und darum gleich darauf wieder auf und davon. Sie laufen weiter durch die Gassen und Straßen, hin zu einer Brücke über einer der vielen Grachten. Dort bleibt Elias stehen und lächelt Angelica an.

»Jedes Mädchens sollte zumindest einmal bei Mondschein auf einer Amsterdamer Brücke geküsst worden sein.«
Tatsächlich, der Mond strahlt hell vom Himmel!, denkt Angelica und muss anschließend lachen.

»Ein Romantiker bist du auch noch, oder wie?«

»Nicht immer, aber manchmal ...« Er legt einen Finger auf ihre Lippen und zieht sie zu sich, ihre Körper berühren sich und seine Lippen suchen die ihren.

Wieder steht für Angelica die Zeit still. Schier endloser Raum breitet sich aus.

Das Universum lächelt, als es das Stundenglas betrachtet. Die goldenen Körner rieseln jetzt so langsam, dass man glauben könnte, sie blieben im Raum stehen.

Zeit ist ein Konstrukt, wie vieles andere. Und jetzt gerade scheint sich Angelica in einem zeitlosen Raum voll Hingabe an das Leben zu befinden.

Er ist gefüllt mit Hoffnungen für die Zukunft und dem Gefühl von Leichtigkeit.

Es ist grandios, dass diese junge Frau mehr von der Liebe erfährt. Was alles möglich ist, wenn man schwere Gedanken loslässt und stattdessen mehr aus Seele, Herz und Bauch heraus handelt. In dem Augenblick, als das Universum seinen Gedankengang beendet, bemerkt es, wie die Körnchen im Stundenglas für einen kurzen Augenblick aufhören nach unten zu fallen. Sie erstrahlen in den wunderbarsten Farben des Regenbogens und bringen die Sanduhr zum Leuchten.

*

Immer wieder endet der Kuss der beiden, um anschließend von vorne zu beginnen, während sie sich eng umschlungen durch die Gassen bewegen.

Irgendwann landen sie am Strand. Vor ihnen geht die Sonne auf und taucht die Kulisse in oranges Licht. Sie halten sich gegenseitig an der Hand, blicken in Stille auf das Meer und lauschen dem friedlichen Rauschen der Wellen. Ab und zu berühren sich ihre Lippen.

Die beiden haben in der heutigen Nacht nicht viel geredet, doch sie haben sich wunderbar verstanden. Elias dreht sich Angelica zu und sieht ihr in die Augen.

Seine Art, mich anzusehen und mich zu küssen ...
Es liegt darin für sie eine Ernsthaftigkeit und Klarheit, die ihr eine wohlige Gänsehaut bescheren, und gleichzeitig kann sie mit ihm lachen und durch die Nacht tanzen, als gäbe es kein Morgen.

»Was für ein bezaubernder Abend«, murmelt er »Ich könnte dich stundenlang weiter küssen.«
»Ich dich auch. Und zwar am besten gleich!«
Sie beugt sich zu ihm hinüber, wirft ihn in den Sand und gibt ihm einen ausgiebigen Kuss.

Er lässt sich lachend darauf ein, befreit sich dann sanft und blickt seufzend auf die Uhr.

»Ich muss zu meiner Familie. Ich habe meiner Mutter zugesagt, dass ich heute Vormittag vorbeikomme. Schließlich muss ich mich an den wenigen Tagen, die ich hier bin, zu Hause blicken lassen, um die restliche Abwesenheit wiedergutzumachen.«

Er zögert, als er ihren traurigen Blick sieht und streicht ihr zärtlich die Haare aus dem Gesicht.

»Lieber würde ich den ganzen Tag mit dir verbringen, aber versprochen ist versprochen, und so wie ich meine Familie kenne, hat sie mir bereits mein Lieblingsfrühstück zubereitet«, sagt er und grinst sie liebevoll an.

»Wenige Tage zu Hause?«, fragt Angelica nach.

»Dritter Nautischer Offizier, gehorsamst zur Stelle, Madame!«, entgegnet Elias mit Kapitänsgruß und dann ernsthafter:

»Ja, ganz bin ich meinem Großvater nicht in seine Fußstapfen gefolgt, obwohl das Viele dachten. Trotzdem hat mich das Meer nicht losgelassen und ich habe meine Lebensaufgabe auf hoher See gefunden. Aber da können wir später noch drüber reden, okay?«

Angelica nickt langsam. Sie ist nicht davon überzeugt, dass es heute ein wichtigeres Unterfangen gäbe, als gemeinsam den Tag zu genießen, aber sie hat Verständnis dafür, dass er darum bemüht ist, so viel Zeit wie möglich mit seiner Familie zu verbringen, und ein bisschen Hunger verspürt sie ehrlich gesagt ebenfalls.

»Ich bin ja ein paar Tage hier. Was meinst du, sehen wir uns wieder?«, fragt er, als er aufsteht.

Seltsam, wie aus einem Mann, der so zielstrebig meine Lippen sucht, einer werden kann, dem die Schüchternheit in die Augen geschrieben steht.

Angelica hebt den Kopf und blickt zum Leuchtturm, in dessen Nähe sie gelandet sind.

»Heute Abend, selber Ort, selbe Zeit?«

»Ja!«, stimmt er zu und fährt fort: »Wer hätte gedacht, dass ich dank meines alten Großvaters und der aufbrausenden Natur des Meeres mal eine so hübsche Frau kennenlerne?«

Er verabschiedet sich mit einem letzten Kuss und macht sich im Laufschritt auf den Weg. Elias scheint spät dran zu sein und Angelica sieht ihm seufzend hinterher.

Was für eine fantastische Nacht, denkt sie, während sie am Horizont die aufgehende Sonne betrachtet. Wie schön sie sich aus dem Meer erhebt und alles zum Strahlen bringt.

Sie wundert sich, wie rasch sich Dinge ändern können. In einem Moment ist sie kurz vor dem Ertrinken und im nächsten sitzt sie mit einem Kribbeln im Bauch an dem gleichen Strand.
Das alles bewirkt ein Kuss. Na gut, mehrere, gesteht sie sich schmunzelnd ein.

Sie blickt lange auf das Meer und beobachtet die Sonne, bis sie vollends aufgegangen ist. Als sie gestern hier saß, erfüllten sie solche Zweifel und Angst vor dem Meer, aber in diesem Augenblick spürt sie nur Glück. Die negativen Gedanken scheinen verschwunden zu sein.
Geheilt durch eine zauberhafte Nacht voller ausgelassenem Tanzen und großartigen Küssen mit einem wunderbaren Mann. Irre ... toll!

Sie fragt sich, wie viele andere Krankheiten man durch einen Kuss und frische Verliebtheit heilen könnte.
Man sollte dieses Gefühl in Flaschen packen und in der Apotheke vertreiben. Sie ist sich sicher, dass dieses Medikament ein absoluter Erfolg wäre.

Über diesen absurden Gedanken lächelnd, steht sie auf und macht sich auf die Suche nach etwas zu essen. Nach dieser durchfeierten Nacht hat sie einen Riesenhunger.

14.

Das Universum atmet erleichtert auf, als das gerade noch vom Sturm gebeutelte Schiff im Hafen von Rotterdam anlegt, einem der größten Frachthäfen Europas. Es ist ein Ort hektischen Treibens. Das Universum ist fasziniert davon, wie die Männer hier eine Unmenge an Schiffen und Kränen koordinieren, um Container auf- und abzuladen. Alles scheint einem vorgegebenen Takt zu folgen.

Mitten unter ihnen ist das Leuchten des Schiffes zu sehen, das es mit Müh und Not durch die wilde See geschafft hat. Es sticht durch seine Ruhe und fast vollkommene Bewegungslosigkeit aus der Hektik heraus.
Was ein offenes und weises Herz alles zu bewirken vermag, haucht das Universum zufrieden.

*

Gerade ist die Besatzung des Schiffs damit beschäftigt, einen alten Mann mit Gitarre zu umarmen. Er ist blind und ein Außenstehender würde sich fragen, woher diese Ergriffenheit bei den Verabschiedungen herrührt, die förmlich spürbar ist.

Der Kapitän geht auf Marius zu und schüttelt ihm respektvoll die Hand.

»Ich danke dir ... Nicht nur für die Hilfe im Sturm, sondern vor allem für die Erinnerung daran, weshalb ich Kapitän geworden bin: für die Wiedererweckung des Gefühls, eins zu sein mit dem Schiff, dem Wind und dem Meer.«

Marius antwortet ihm: »Ich danke dir, dass du uns sicher in den Hafen gebracht hast.«

Zum Schluss kommt ein Matrose auf den alten Mann zu. Er lächelt, als er ihn umarmt.

»Vergiss nicht: Wenn du deiner Familie nie begegnest, wirst du nicht herausfinden, ob du einen Platz in ihrem Herzen hast. Und dann wirst du den Stein bis an dein Lebensende mit dir herumschleppen. Das wäre schade. Denn es gibt eindeutig bessere Verwendungen für Steine, als Herzen zu Boden zu ziehen. Herzen sollten ihre Flügel ausbreiten, in die Höhe fliegen und uns daran erinnern, wie der Himmel aussieht.«

Als der alte Mann diese Worte hört, verbeugt er sich vor ihm. Dieser Matrose war ein besonderer Mensch. *Man weiß nie, von wem man über das Leben lernen kann*, merkt er in Gedanken an.

Als er sich auf dem Weg macht, hilft ihm der Kapitän, eine Mitfahrgelegenheit nach Wien zu finden. Sie gehen auf die Gruppe Trucker zu und erkundigen sich nach ihren Routen. Einer von ihnen erklärt sich bereit den Mann mit der Gitarre mitzunehmen.

Es ist ein Mann um die vierzig mit einem langen, wuseligen Bart und einer alten ausgefransten Baseballkappe, die er tief in die Stirn gezogen hat. Er ist nicht besonders gesprächig und mustert den Blinden nur knapp. Sie besprechen kurz, wohin Marius muss und der Kapitän macht die beiden miteinander bekannt. Dann nickt Luke, der LKW-Fahrer und der Kapitän steckt ihm Geld zu, das er schweigend in Empfang nimmt.

Der Fahrer gibt dem alten Mann ein paar Informationen zur Reiseplanung:

»In zwei Stunden geht's los. Ich muss heute noch etwas am Amsterdamer Flughafen erledigen, doch dann machen wir uns auf direktem Weg nach Wien. Was willst du dort eigentlich?«

Marius lauscht auf der Suche nach einer Antwort in sich hinein. Dann findet er die passenden Worte:
»Ich habe einen Auftrag zu erledigen.«

Der Trucker nickt. Damit kennt er sich aus. Frachtaufträge bekommt er jeden Tag. Er nimmt an, bei dem alten Mann ginge es um etwas Ähnliches.
Marius entscheidet sich, über seine weiteren Beweggründe zu schweigen, denn sein Gegenüber wirkt mit der kurzen Erwiderung zufrieden.

Bevor es losgeht, nutzt der alte Mann die Gelegenheit und setzt sich auf die Steine am Meer – dorthin, wo die Wellen gegen das Festland spülen. Er blickt auf den Horizont und lässt sich die Sonne ins Gesicht scheinen. Seine Haut und sein Herz spüren die Wärme, die von ihren Strahlen ausgeht. Wie so oft stellt der alte Mann fest, dass es faszinierend ist, die Welt mit dem Herzen wahrzunehmen.
Es ist reichhaltiger.

Er sieht mit seiner Hilfe nicht nur die Formen, sondern erkennt auch die Zwischentöne, Gefühle und besonderen Ereignisse, die nicht ausgesprochen werden.
Diese vielen Nuancen bleiben Sehenden wohl oft verborgen.

Grübelnd erinnert er sich an die Zeit, als er nicht blind war und mit seinen Augen sah. All diese Eindrücke lenkten ihn davon ab, die Welt so wahrzunehmen, wie das Herz es vermag.

Er nimmt die Gitarre und fängt an sein Lied zu spielen, um die Gedanken zu vertreiben.

Denn was kann es Wichtigeres im Leben geben als sein Lied?

15.

Auf dem Weg zurück in ihre Unterkunft hat sich Angelica ein Croissant gekauft. Voller Erwartung beißt sie hinein.

Hm ... definitiv nicht mit dem vom Amsterdamer Flughafen zu vergleichen.

Mit einem Grinsen muss sie sich eingestehen, dass der Geschäftsmann recht hatte. Das Croissant, das sie zusammen gegessen hatten, war tatsächlich besser als viele andere. Trotzdem verputzt sie es im Handumdrehen. Sie hat eine ganze Nacht durchgemacht, geflirtet, getanzt und irgendwann auch ausgiebig geküsst.
Kein Wunder, dass ich Hunger habe!
Ist das nicht eine der wunderschönsten Varianten eine Nacht zu verbringen?, fragt sie sich, als sie die Tür zu ihrem Gästehaus öffnet.

Beim Eintreten hört sie ihre Vermieter aufgeregt auf der Treppe diskutieren. Als sie Angelica sehen, atmen sie erleichtert auf.

»Gut, dass du da bist! Wir haben dich überall gesucht und versucht dich zu erreichen. Hast du dein Handy denn nicht dabei?«

Sie erinnert sich vage daran, ihr Smartphone gestern Abend im Dachgeschoss vergessen zu haben. Sie war zu sehr damit beschäftigt, sich hübsch zu machen und dem Treffen mit Elias entgegenzufiebern, als sie aus dem Haus ging.

Irritiert von der aufgewühlten Stimmung ihrer Gastgeber hakt sie nach:

»Was ist denn los? Warum die Aufregung?«

»Die Fluggesellschaft hat sich wegen deinem Weiterflug gemeldet.«

»Sehr gut, dann geht es für mich ja bald auf nach Lissabon.« Sie stockt kurz. »Wobei ich vielleicht gerne noch ein paar Tage bleiben würde«, fügt sie verträumt hinzu.

Die Besitzer der Unterkunft wechseln einen vielsagenden Blick. »Meinst du wirklich, dass das eine gute Idee ist?«, fragt der Vermieter.

»Warum nicht?«, entgegnet Angelica überrascht, der beim besten Willen kein Grund einfällt, warum sie nicht noch einige Zeit hier verbringen sollte.

Gut, der alte blinde Mann am Strand von Lissabon vielleicht, aber der läuft bestimmt nicht weg und bis dahin kann ich das Zusammensein hier mit Elias genießen. So wie es geklungen hat, haben wir sowieso nur begrenzt Zeit, bevor er wieder auf ein Schiff muss, und die sollten wir nutzen.

»Nun ...«, wird sie von ihrem Gastgeber aus den Gedanken gerissen, aber Angelica unterbricht ihn gut gelaunt:

»Keine Angst, ich komme für die restlichen Übernachtungen auf«, sagt sie und will sich an den Vermietern vorbeidrängeln, um in ihr Zimmer zurückzukehren.

»Darum geht es nicht. Da wir dich am Handy nicht erreicht haben und wir dir auf jeden Fall einen guten Platz reservieren wollten, weil du es ja eilig zu haben schienst, haben wir alles andere versucht um mit dir Kontakt aufzunehmen. Unter anderem bei der anderen Nummer angerufen, die du auf dem Gästeblatt hinterlassen hast.«

Mist, das war die Nummer ihrer Eltern – was haben sie ihnen erzählt, doch nicht die Sache mit dem Meer? Meine Eltern wissen ja nicht mal, dass ich in den Niederlanden bin. Das finden die sicher nicht witzig.

»Was habt ihr ihnen erzählt?«, platzt es aus Angelica heraus.

»Zunächst haben wir uns kurzgefasst, damit sie sich keine Sorgen machen. Aber deine Mutter war ziemlich hartnäckig und hat nicht aufgegeben. Sie hat sich immer detaillierter nach deinem Befinden erkundigt. Schließlich ist uns die Sache mit deinem Meeresabenteuer rausgerutscht.«

Das klingt nicht gut.

Grelle Sirenen schlagen in Angelicas Kopf Alarm.

»Wie hat sie reagiert?«, fragt sie, während sie sich bemüht, weiterhin die Fassung zu wahren.

»Sie war besorgt um dich und hat sich mehrmals versucht zu vergewissern, dass dir nichts fehlt.«

Ihr Gegenüber holt Luft. »Wir haben ihr versichert, dass es dir gut geht – zumindest so gut, wie es einem nach einem solchen Abenteuer gehen kann. Wenn ich ehrlich bin, waren wir auch überrascht, als du die ganze Nacht weggeblieben bist. Wir dachten, du brauchst nach dieser lebensbedrohlichen Situation Ruhe.«

Angelica zuckt mit den Schultern, wobei sie merkt, dass ihr dabei irgendwie mulmig wird.

Eine Partynacht, nachdem der Körper vor Kurzem einen Überlebenskampf geführt hat, ist wohl nicht ohne.

»Hat sie noch was gesagt?«, fragt Angelica nach.
»Nichts weiter, aber vielleicht meldest du dich bei ihnen. Sie haben angeboten, dir einen Heimflug zu zahlen, wenn du lieber direkt zurück als nach Lissabon möchtest. Wir denken, sie würden das auf alle Fälle bevorzugen.«
»Hm.«

Darauf hat Angelica aber keine Lust. Sie blickt ihr Gegenüber an und weiß nicht recht, was sie erwidern soll. Das zauberhafte Gefühl der Verliebtheit wird langsam von Verwirrung verdrängt. Sie muss sich sammeln, muss über all das nachdenken und überlegen, was sie ihren Eltern sagen soll.

»Ich brauche ein bisschen Zeit, damit ich eine Entscheidung treffen kann.«
»Ja, nimm dir nur nicht zu lange Zeit, die Fluggesellschaft will heute noch wissen, wie es weitergeht, wenn du schnell einen Weiterflug willst.«

Und ich möchte dringend zu Elias.
Angelica nickt und macht sich wieder auf den Weg nach draußen. Sie läuft zu dem Strand, an dem sich in den

letzten Tagen so vieles abgespielt hat. Wut, Angst, Liebe – alles schien dort zu geschehen. Sie hat die Hoffnung, dass sie Ruhe und Klarheit am Meer findet, um die Frage zu beantworten, wohin sie ihr Weg führen soll.

Hierbleiben? Nach Lissabon fliegen? Keine Ahnung, aber auf keinen Fall nach Hause!

Am Strand angekommen, blickt sie aufs Meer und seufzt. Manchmal ist das Leben nicht leicht.

Seltsam, wie sich alles entwickelt hat.

Ein blinder, alter Mann in Lissabon, den sie suchen könnte, was sie aber nicht mehr so recht will, weil sie Elias getroffen hat. Und dann die Sache mit ihren Eltern, die sich Sorgen um sie machen.

Außerdem hat sie gehofft, sich noch bei Albert bedanken zu können, auch wenn sie nicht weiß, wie sie das anstellen soll. Ihr Blick wandert hinauf zum rot-weißen Turm und sie fragt sich, ob er da oben ist und Wache hält.

Einige Zeit sinniert sie vor sich hin, bis ein Knirschen im Sand sie dazu bringt, den Kopf zu wenden. Albert stapft langsam auf sie zu. Als er bei ihr ist, lässt er sich ächzend neben ihr nieder. Es verwundert sie ein wenig, dass dies der gleiche Mann sein soll, der sie aus dem Meer gezogen hat.

Wie ist das möglich? Aber vielleicht verleihen manche Aufgaben tatsächlich Flügel.

Albert beginnt zu sprechen: »Ist hier noch ein Platz frei?«
Angelica muss lächeln. Das kommt ihr bekannt vor.
»Jetzt offensichtlich nicht, da sitzt du ja schon«, entgegnet sie ihm freundlich.
»Da hast du recht.«

*

Das Universum betrachtet die beiden wohlwollend. Es sieht auf das Stundenglas und beobachtet die Körnchen. Sie scheinen nervös zu brummen, fast wirken sie desorientiert – wie Angelica.
Welche Auswirkungen die Stimmung der Menschen haben kann … Das Universum schnippst mit dem Finger gegen die obere Hälfte des Stundenglases. Es lauscht dem hellen Ton, der durch das All fliegt. Er kündigt Veränderung an und das gefällt ihm.

*

Angelica und der Leuchtturmwärter beobachten mehrere Minuten das Meer. Angelica erinnert sich, wie sie mit dem Enkel dieses Mannes vor Kurzem das Gleiche getan hat. Wie anders es war und doch ähnlich.

»Du und mein Enkel – was läuft denn da?«

Verwundert schaut sie Albert an und überlegt, woher er das weiß. Er sieht ihren fragenden Blick und deutet mit dem Finger auf den Leuchtturm.

Angelica versteht. Natürlich, er hält immer Wache. Dann zuckt sie mit den Schultern. Was hat sie zu verlieren, wenn sie die Wahrheit sagt?

»Gute Frage. Wir hatten gestern eine wunderschöne Nacht zusammen.«

»Bei der wird es wohl leider bleiben, mein Enkel hat mich nämlich gerade angerufen.« Er schaut Angelica bedrückt an.

»Wieso? Hast du ein Problem damit?«

Albert lacht.

»Von mir aus könnt ihr machen, was ihr wollt. Aber die Reederei, bei der er angestellt ist, wird ein Problem damit haben. Ihnen ist ein Zweiter nautischer Offizier erkrankt und das für ein Frachtschiff, das heute auslaufen muss. Das ist die Chance für meinen Enkel, seinem Traum, Kapitän zu werden, ein gewaltiges Stück näher zu kommen.«

»Nein!«, stößt Angelica aus. »Wann geht das Schiff?«

»Heute Abend.«

»Das ist nicht dein Ernst, oder?«

»Leider schon.«

Sie schweigt, denn mehr gibt es nicht zu sagen. Tränen rinnen ihr aus den Augen. Der alte Mann klopft ihr verlegen freundschaftlich auf die Schulter.

»Na, na, junge Dame. Er wird nicht der erste und nicht der letzte Mann sein, mit dem du eine tolle Zeit verbringst. Zumindest, wenn du dich von stürmischen Gewässern fernhältst.« Er lächelt und ergänzt: »Und mein Junge wird das auch überleben. In eurem Alter darf so was ruhig mal sein.«

Angelica nickt und wischt sich die Tränen aus dem Gesicht.

Verdammt, das tat weh.

Sie betrachtet Albert und erkennt in seinen grauen Augen einen Stich Blau, der sie an die seines Enkels erinnert.

»Und jetzt?«, murmelt sie mehr zu sich selbst als zu Albert.

»Vielleicht fliegst du jetzt nach Hause und erholst dich, hm? Damit du bereit für das nächste Abenteuer bist.«

Angelica blickt Albert ausdruckslos an und würde gerne protestieren. Am liebsten möchte sie sagen, dass sie auf keinen Fall heimfahren wird, sondern den alten Mann in Lissabon sucht. Doch als sie aufbegehren will, hat sie den Eindruck, dass ihr schwarz vor Augen wird.

*

Mitfühlend betrachtet das Universum Angelica. Es weiß, dass sie viel in kurzer Zeit durchmachen muss.

Aber Angelicas Seele hat darum gebeten, eine bedeutsame Aufgabe anzunehmen und es hilft nichts, die Wünsche seiner Seelen sind dem Universum heilig.

Es wirft einen Blick auf das Stundenglas.

Nur noch ein Drittel der goldenen Körnchen befindet sich im oberen Teil. Beständig rieseln sie nach unten. Es bleibt ihr nicht mehr viel Zeit, um die größte Erkenntnis ihres bisherigen Lebens zu verinnerlichen.

Die *eine* Erkenntnis, für die der Boden bereitet wurde. Kontinuierlich wächst das neue Bäumchen Richtung Himmel und will die Sonne erreichen. Das Universum kümmert sich darum, dass dieses Gewächs genügend Sonne bekommt, um Energie zu tanken, genügend Wind, damit seine Äste gestärkt werden, und genügend Wasser, damit es kräftig wird. Doch vor allem sorgt das Universum dafür, dass es genügend Liebe erhält, damit es ein selbstbewusster großer Baum wird. Aber auch wenn das Universum die notwendigen Ressourcen zur

Verfügung stellt – wachsen muss der Baum aus sich heraus und Angelica auch.

*

Das Herz atmet tief ein und aus, während es sich hinsetzt und versucht, sich zu beruhigen. Das war wirklich viel in den letzten Tagen.

*

»Wahrscheinlich hast du recht«, bringt Angelica schließlich erschöpft hervor.

*

Ja, freut sich der Kopf *und nun ist es an der Zeit, dass wir endlich die Sache mit dem Studium klären.*

*

Sie will ihn ignorieren, aber sie merkt, dass das Thema ihrer Zukunft sie unweigerlich in seinen Fängen hat. Vor allem, wenn sie daran denkt, nach Hause zurückzukehren, wo sie mit ihren Eltern darüber reden muss. Etwas fühlt sich bei der Sache nicht gut an.

»Ich muss bald wieder rauf auf meinen Leuchtturm, es liegt was in der Luft«, sagt Albert und holt sie aus ihren Gedanken.

»Ich wünschte, ich könnte mich irgendwie bei dir bedanken.«

Albert lässt seinen Blick über das Meer schweifen.

»Weißt du, ich bin schon ein Leben lang Leuchtturmwärter. Habe nie daran gezweifelt, so stark war das Gefühl in mir, dass ich das Richtige tue. Doch manchmal, wenn ich das Meer betrachte oder mich mit den Matrosen unterhalte, frage ich mich, welche Länder die Wellen noch berühren und wie es dort aussieht. Wenn du mir danken willst, schick mir ab und zu eine Postkarte von deinen Reisen.«

Angelica blickt Albert verblüfft an.

»Aber ... ich weiß nicht mehr, ob ich noch weiterreise. Ich glaube, das wird für lange Zeit meine letzte Reise gewesen sein. Ich werde in Wien studieren oder mir zumindest einen Job suchen müssen«, stößt sie erschöpft aus, während sie sich bemüht gegen ihr Unwohlsein anzukämpfen.

Albert lacht, wie es nur alte Männer vermögen, die viel Erfahrung darin gewonnen haben. Dann wischt er sich die Lachtränen aus den Augen.

»Ich verrate dir jetzt ein Geheimnis. Wenn man die Menschen aus dem Wasser zieht, lernt man sie auf eine ganz eigene Art und Weise kennen. In dem Moment, in dem man der Meinung ist, das letzte Stündlein habe geschlagen, passieren die interessantesten Dinge. Da erfährt man etwas über das wahre Wesen einer Person. In deinem Fall, meine Liebe, denke ich nicht, dass dich ein gewöhnliches Leben erwartet. Vertraue einem alten Mann, der einen Riecher dafür hat, wohin das Wasser fließt«, sagt Albert und tippt sich mit dem Finger gegen die Nase.

Angelicas Stirn legt sich in tiefe Denkfalten.
Albert grinst frech.
»Ach Kleine, mach so was nicht! Davon kriegst du nur Furchen und es kommt nix dabei raus. Glaub mir, ich hab das mit dem Im-Kreis-Grübeln zu oft selbst erlebt.«
Albert lacht. Dann fährt er fort:
»Die Entscheidung musst du treffen. Aber ich habe den starken Verdacht, dass du nicht an einem einzigen Ort glücklich wirst, sondern jemand bist, der Bewegung braucht. Du möchtest wahrscheinlich einige Länder sehen, deine Abenteuer erleben und nicht einem bestehenden geradlinigen Pfad folgen.«
»Oder wie siehst du das? Willst du jetzt wirklich nachhause, um zu studieren?«
»NEIN!«

Angelica ist selbst verblüfft von der raschen Antwort. Sie hat keine Ahnung woher dieser Ausbruch kam, aber sie kann es tief drinnen in sich fühlen. Wenn sie rational darüber nachdenkt, hat sie eigentlich kein Problem mit dem Studieren, aber irgendetwas in ihr wehrt sich dagegen, die nächsten Jahre auf der Universität zu verbringen. Es fühlt sich einfach nicht wie der nächste richtige Schritt auf ihrem Weg an.

»Genau«

Albert sieht amüsiert aus..

»Dacht' ich's mir doch. Und da gibt es noch mehr.«

Er hält kurz inne und lässt den Blick über das Meer schweifen.

»Da war ein Leuchten in dir. Als du im Wasser fast ertrunken wärst, hat etwas in dir geleuchtet und dich dadurch gerettet. Nicht viele Menschen schaffen es, dieses Leuchten durchzulassen. Ich glaube, auf dich wartet mehr, als du heute vermutest. Und falls es so ist, will ich wenigstens ab und zu eine Postkarte!«

Albert erhebt sich ächzend.

»Am Ende muss man einfach wissen, wann man beim Verhandeln hart bleiben sollte … auch mit sich selbst – also Postkarten schicken, meine Liebe!«, ergänzt er augenzwinkernd.

Berührt von seiner Ansprache sagt Angelica nochmals: »Danke!«

Albert nickt. Dann marschiert er über den Strand hinweg zu seinem Leuchtturm, ohne sich noch einmal umzudrehen.

Angelica ist überzeugt, dass dieser alte Mann einige Postkarten verdient hat.

Sie sieht eine Weile aufs Meer und lässt seine Worte nachwirken. Sie würde sich wünschen, die Kraft zu haben weiterzugehen und den alten Mann zu suchen. Vor allem, weil ihr klar geworden ist, dass es mit dem Studium derzeit nichts werden wird. Und auf der anderen Seite ist da dieses dubiose Schwindelgefühl. Sie vermutet, dass sie sich und ihrem Körper mit ihrem Meeresabenteuer viel zugemutet hat.

Es ist wieder einer dieser Momente.

Angelica kramt in ihrem Rucksack und holt das Buch des Universums heraus. Kurz betrachtet sie es, dann wird ihr klar, dass es an der Zeit ist für den nächsten Schritt.

Sie schlägt es auf.

Wenn wir bei der Erfüllung unserer Wünsche feststecken, ist es manchmal an der Zeit, eine neue Richtung einzuschlagen, oder zum Ursprung unserer Reise zurückzukehren.

Denn willst du dort weitersuchen, wo es nichts mehr zu finden gibt?

Sie betrachtet die Buchstaben auf der Seite und lässt die Worte auf sich wirken.

Denn willst du wirklich suchen, wo es nichts mehr zu finden gibt? Denn willst du wirklich ...

Der Satz wirbelt in Endlosschleife durch ihren Kopf und die Schwärze vor ihren Augen nimmt weiter zu. Dann ist sie da, die Erkenntnis, die sie vermeiden wollte:

Ich gebe auf!

Sie erhebt sich erschöpft und begibt sich zu ihrer Unterkunft, um dort ihren Eltern und Vermietern mitzuteilen, dass sie nach Hause kommt. Sie kann nicht mehr.

*

Ihr Herz lächelt traurig.

Einerseits ist es angetan von den wunderbaren Erfahrungen, die es mit Angelica gemacht hat. Es durfte sich in der Liebe ausbreiten und seinen Ideen folgen, egal wie verrückt sie waren. Selbst der Seele war es begegnet. Und jetzt ist es sich sicher: Da ist noch mehr!

Andererseits ist das Herz erschöpft und verspürt Abschiedsschmerz. Obwohl es in der letzten Zeit ein gewaltiges Auf und Ab war, wollte es den alten, blinden Mann treffen. Es war gespannt, was es von ihm lernen könnte, wo er so viel Liebe in sich trägt. Jetzt scheint dieses Treffen so gut wie unmöglich.

Es tröstet sich selbst:
Mit jedem Verlust von Vorstellungen entsteht Raum für viele andere und bessere Möglichkeiten. Vielleicht ist die Realität manchmal wundersamer, als ich es mir in meinen kühnsten Träumen ausgemalt habe.

*

Das Universum schmunzelt.
Tja, vielleicht hat das Herz da etwas gefunden.

16.

Marius und Luke fahren in einem Sattelschlepper in Richtung Amsterdamer Flughafen, wo sie noch Frachtgut aus den USA abholen müssen. Die beiden sitzen schweigend nebeneinander, jeder in seinen eigenen Gedanken versunken.

Die des alten Mannes kreisen um seine Familie, die er vor langer Zeit in Wien zurückgelassen hat, als er wesentlich jünger war. Ihm wird bewusst, dass er ihr mit jeder verstreichenden Minute unweigerlich näherkommt. Je geringer die Distanz wird, desto rastloser scheint er.

Dabei hat er die Untiefen des Universums gesehen, die Weisheit der Sterne erblickt und die Schönheit des Lebens gefühlt. Er hat Menschen mit seiner Musik direkt im Herzen berührt, und findet selbst gerade nur schwer Zugang zu der Ruhe in seinem eigenen.

Früher leitete er mit starker Hand einen Verlag, was zu beeindruckenden Erfolgen führte. Das machte ihn stolz. Doch bald wurde aus dem Stolz Übermut und daraus Unachtsamkeit, bis er schließlich vor dem Ruin der Firma stand.

Hätte es einen anderen Ausweg gegeben, als fortzugehen?
Wahrscheinlich.
Wenn ich schon damals von meiner tiefen inneren Verbindung mit dem »Alles-was-ist« erfahren hätte, wäre vieles anders gekommen. Zu diesem Zeitpunkt wusste ich wenig, obwohl ich überzeugt war, viel zu wissen, stellt er traurig fest.

Er war darum bemüht, den Schein zu wahren. Dafür zu sorgen, dass nach außen alles perfekt aussah. Dieses Bild aufrechtzuerhalten, forderte seinen Tribut. Und trotz einiger Anstrengungen war es irgendwann zu spät. Zu allem Überfluss kam die Erkrankung seines Sehnervs hinzu. Eine weitere Sache, die er für sich behielt, so lange er konnte. Er erinnert sich an den letztendlich schmerzlichen Verlust.

Er hatte auf ganzer Linie versagt. Er wäre seiner Familie eine Last und das, obwohl sie bereits unter dem Verlust seines Jobs gelitten hätten. Das kam für ihn nicht infrage. Stattdessen beschloss er, ein letztes Mal das

Meer zu spüren. Das Rauschen und das Gefühl der endlosen Weite lösten in ihm schon immer einen Zustand der völligen Leichtigkeit und Sorgenfreiheit aus. Er wollte sich heimlich, still und leise verabschieden. Heute wundert er sich, wo er die nötige Energie hernahm, die nächsten Schritte dafür in die Wege zu leiten.

Doch damals ging es wie von Zauberhand. Die Ereignisse folgten knapp aufeinander, wie beim Zusammenfall einer sorgsam aufgereihten Reihe an Dominosteinen. Nach dem unsanften Anstoß fielen sie rasch Stein für Stein um. Seine Eltern starben und so traurig es war, sie hinterließen ihm eine beträchtliche Erbschaft.

Zusammen mit einer extravaganten Berufsunfähigkeitsversicherung war seine Familie finanziell abgesichert. Die Versicherung hatte er in jungen Jahren abgeschlossen, denn auch wenn er nach außen hin immer souverän auftrat, befürchtete er innerlich schon länger, dass etwas in seinem Leben gewaltig schiefgehen könnte.

Zum Glück gab es damals einen günstigen Flug nach Lissabon und die Fluggesellschaft half einem Blinden gerne bei allen notwendigen Formalitäten.

Es war alles zur richtigen Zeit am richtigen Ort. Dann galt es nur noch, seinem Leben ein Ende zu setzen, denn was sollte er noch tun. Er wollte keinem zur Last fallen und definierte damals den Sinn seines Lebens über den Erfolg in seinem Beruf und die Fähigkeit, für seine Familie zu sorgen. Nachdem er arbeitsunfähig war, hatte er das Gefühl, komplett versagt zu haben und seine Familie zu enttäuschen.

Darum war sein Plan, in den Flieger nach Lissabon zu steigen und dort noch einmal durch die Stadt zu wandern, bevor er am Meer allem ein Ende bereiten würde.

Als er dort ankam, geschah allerdings etwas sehr Seltsames. Portugal schien ihn mit offenen Armen zu empfangen und mitten in dieser Umarmung eines wildfremden Landes offenbarte sich ihm eine Schönheit, die ihm bis zu diesem Zeitpunkt verborgen geblieben war. Als er letztendlich an einem Strand ankam, setzte er sich nieder.

Er spürte die Sonne, wie sie auf sein Gesicht schien, hörte das Rauschen der Wellen und fühlte das Wasser an seinen Füßen. Alles war, wie er es sich vorgestellt hatte.

Er war zwar dankbar für die Erfahrung der vergangenen Stunden, dennoch war er bereit, seinen Plan bis zum Ende zu verfolgen.

Also ging er los, näherte sich gemächlich dem Meer. Er ließ das kühle Nass seine Zehen umspülen, lief weiter, bis ihm das Wasser bis zu den Knien stand, dann zur Hüfte und zur Brust. Schließlich machte er seine letzten Schritte und dann reichte ihm das Wasser bis zum Hals.

Doch in diesem Moment geschah Unbegreifliches: Zum ersten Mal in seinem Leben erfüllte ihn das Gefühl von etwas Größerem. Es breitete sich in ihm aus, während er dort im Wasser stand, bereit, sein Leben zu beenden.

Auf einmal ging das nicht mehr. Die alles durchdringende Liebe hatte ihn wie einen Blitz getroffen, und inmitten dieser Liebe konnte er die Sache nicht zu Ende bringen, er war schlichtweg zu überwältigt und glücklich.

Er drehte um und verließ das Meer. Am Strand hob er die Hände zum Himmel, faltete sie und verbeugte sich vor dem Meer und dem Unfassbaren, die ihm sein Leben gerettet hatte.

Seine alten Ideen, Illusionen und Wünsche verschwanden mit der Zeit und wurden ersetzt durch etwas vollkommen Neues: einer tiefen Liebe für die Welt.
Zu Beginn wusste er nicht, was er mit diesem neuen Gefühl anfangen sollte. Als er aber die Augen schloss, spürte er etwas tief in sich.

Er lernte immer mehr in sich hineinzuhören. Was er fand, war in seiner eigenen Kleinheit die vollkommene Weite des Universums. Er lauschte dem Universum immer öfter, denn er versuchte zu hören, was es ihm sagen wollte.

Eines Tages, als er schon eine Weile selig lächelnd über den Strand spazierte, setzte er sich und fand neben sich eine Gitarre. Eine kleine Stimme in seinem Herzen sprach: »Spiel.«

Der blinde Mann legte seine Finger an das Instrument und verlieh seiner Dankbarkeit für die gemachten Erfahrungen Ausdruck. Seit diesem Tag ist diese Gitarre immer an seiner Seite.

Mittlerweile ist viel Zeit vergangen. Mehrere Jahre sind ins Land gezogen und er ist immer an diesem einen Strand geblieben, an dem er damals seinem Leben ein Ende bereiten wollte. Er durfte an jenem Tag hinter den Vorhang blicken. Das erlaubte ihm, die Welt zu sehen, die ihn erwartete, wenn es vorbei war. Seither weiß er, dass die Liebe, die er in diesem Moment am Meer fühlte, nur ein kleiner Vorgeschmack darauf war, was ihn am Ende erwarten würde, wenn er sich eines Tages endgültig von seinem irdischen Leben verabschiedet.

Jeden Tag aufs Neue, ging er ins Meer. Ein Teil von ihm hoffte dann, am Leben zu bleiben, während der andere Teil endlich für immer in der fortwährenden Liebe aufgehen wollte. Es war eine merkwürdige Diskrepanz, die er in sich fühlte und für andere klang es vermutlich befremdlich, dass jemand, der so viel Liebe verspürte, sein Leben aufgeben würde. Doch für ihn, der fühlen konnte, dass man nach dem Leben ein Bestandteil der Liebe werden würde, sah die Sache anders aus. Ein Teil von ihm sehnte sich schlicht das Leben hinter sich zu lassen und in dieser Liebe aufzugehen.

Doch bei jedem einzelnen dieser Male als er ins Meer ging, teilte ihm das Universum mit, dass es noch etwas zu tun gäbe. Er reagierte dann verwundert: »Was sollen die Menschen vor mir lernen? Ich bin nichts mehr.«

Und das Universum erwiderte ihm immer wieder geduldig: »Deine Aufgabe ist es, andere in ihrem tiefsten Inneren zu berühren und sie so auf ihren Weg zu führen.«

Einmal fragte er nach:

»Wie?«

Ausnahmsweise bekam er da keine Antwort, sondern spürte, wie das Universum still lächelte. Auf einer unbewussten Ebene wusste er von dieser Aufgabe, und dieser Anteil von ihm schmunzelte in Verbundenheit mit dem Universum.

An manchen Tagen kamen Leute und lauschten seinen Melodien. Selten sprach er mit ihnen, und wenn doch, erinnerte er sich danach oft nicht mehr, was er gesagt hatte, weil etwas Größeres durch ihn zu sprechen schien.

Wahrscheinlich verstand kaum jemand auf dieser Welt, wie er jahrelang an einem Strand leben konnte. Doch wo hätte er sonst hingehen sollen? An diesem Strand hatte er zum ersten Mal die Liebe des Universums in seiner allumfassenden Weite wahrgenommen. Für ihn war dieser Ort vollkommen und stand für etwas Größeres, das ihn schier sprachlos machte. Zurück in seine Heimat konnte er ohnehin nicht mehr. Dafür schämte er sich zu sehr nach seiner stillen Flucht.

Jetzt aber ist er auf dem Weg zurück nach Wien und er fühlt sich zum ersten Mal wieder ängstlich. Wesentlich ängstlicher als am Meer.

Er weiß nicht, was ihn in Wien erwartet.

Wie seine Familie reagieren wird.

Er hat Angst.

Er, der wenig Furcht davor hat sein Leben zu beenden, hat plötzlich Angst, dass ihn das Universum verlassen könnte. Und das nur, weil er nicht mehr an seinem Strand ist, an dem er es kennen und lieben gelernt hat.

*

Das Universum blickt liebevoll auf den alten Mann. Es ist oftmals verwundert, wenn es ihn so sieht. Obwohl er schon viele Jahre mit ihm kommuniziert, ist er manchmal unsicher und hat noch nicht verinnerlicht, dass ihre Verbindung nicht davon abhängt, wo er sich befindet. Das Universum wird ihn nicht im Stich lassen.

Aber das ist der Grund, warum er seine Aufgabe erfolgreich erfüllen kann. Denn wer ist ein besserer Lehrer als derjenige, der weiß, wie es wirklich ist, nicht alles von Anfang zu begreifen? Der alte Mann ist ein bisschen wie seine eigenen Schüler, die er dadurch umso besser versteht.

*

Der blinde Mann greift nach seiner Gitarre im Fußraum des LKWs. Er erinnert sich zurück. Ruft sich den Strand, die brandenden Wellen und die Wärme der Sonne auf der Haut ins Gedächtnis. Langsam lässt er seine Finger über die Saiten der Gitarre gleiten, begibt sich mit seinem Geist in die Tiefen des Universums und sucht nach den Noten. Mit einem Lächeln stellt er fest, dass sie dort sind, wo sie immer waren, und darauf warten, von ihm gespielt zu werden. Die ersten Töne erklingen durch den Fahrzeugraum.

*

In ihm meldet sich eine zarte Stimme: »*Deine Aufgabe ist es, die Herzen der Menschen zu berühren und sie dadurch auf ihren Weg zu führen.*«

*

Als er das wahrnimmt, seufzt er erleichtert auf, denn damit kommt die Gewissheit, dass er noch immer mit dem Universum in tiefer Verbundenheit ist und es ihn nicht verlassen hast.

17.

Am Meer hatte Angelica mehr Klarheit über ihren nächsten Schritt erlangt, und so rief sie ihre Eltern an, um ihnen mitzuteilen, dass sie nach Hause kommen würde. Das Gespräch verlief reibungslos, was nicht verwunderlich war, denn sie tat ja, was sie wollten. Im Gegensatz zu Angelica freuten sie sich über die Planänderung ihrer Tochter.

Ihre Eltern kümmerten sich darum, dass sie einen Restplatz für eine Maschine nach Wien bekam. Das erste Klasse Upgrade konnte sie zwar nicht behalten, aber dafür mussten sie keinen Aufpreis für die Flugänderung von Lissabon bezahlen. Sie wusste nicht recht, was sie davon halten sollte, dass es so schnell nach Hause ging, war aber froh sich nicht um die Formalitäten kümmern zu müssen.

Mit dem Rucksack auf dem Schoß sitzt Angelica nun im Bus zum Flughafen. Bei jeder Haltestelle drängen die Menschen gestresst in den Bus, treten sich gegenseitig auf die Füße und rempeln sich mit ihren Koffern und Rucksäcken an. Angelica beobachtet die Szenerie ohne große Begeisterung.

Ein Zittern geht durch ihren Körper.

Anschließend hört sie eine zarte Stimme: »Lass los.«

Sie nickt unbewusst und hat den Eindruck, als würde sie von Licht durchflutet werden und sich etwas in ihr öffnen. Es ist komisch. So schwer es ihr fällt, so mühelos ist es gleichzeitig. Sie lässt es geschehen, während der Bus Richtung Flughafen fährt.

Einige wenige Sterne wagen sich durch den bedeckten Himmel nach draußen und Angelicas Blick gleitet aus dem Fenster hinaus zu den Wolken über ihr. Mit einem Lächeln erinnert sie sich zurück an das blonde Mädchen, das sie auf der Fähre nach Genua getroffen hat. Sie denkt daran, wie es mit der Hand wedelte und die Wolken vertrieb, um Platz für die funkelnden Sterne zu schaffen.

Ihrer Intuition folgend, holt sie das Buch des Universums aus dem Rucksack und streicht behutsam über den Einband. Wenn sich die Situation zu Hause beruhigt hat, muss sie ihre Mutter fragen, wie es in ihren Besitz kam. Sie wischt mit den Fingern über die goldenen

Buchstaben, die in das Leder gepresst sind. An manchen Stellen ist die Goldfarbe abgeblättert und Risse zeigen sich.

Wo dieses Buch wohl schon überall war?

Dann blättert sie darin und öffnet es an einer Stelle, die sie nicht kennt:

Um zu erkennen, was wir wollen, gilt es zuerst, die Illusionen loszulassen, die uns in unseren Vorstellungen über die Zukunft begleiten. So entsteht Raum für das wundervolle Neue, das entstehen will.

Als Angelica diese Worte liest, rinnt ihr eine kleine Träne aus dem Auge. Der salzige Tropfen sucht sich einen Weg über ihre Wange und fällt auf die Buchseite. Dort funkelt er kurz im reflektierenden Licht der Innenbeleuchtung.

Angelicas Blick bleibt auf der Seite hängen und sie liest eine winzige Randnotiz. Sie glaubt, die Handschrift ihrer Mutter zu erkennen. Nicht ihre jetzige, sondern die einer viel jüngeren Version, wie Angelica sie von alten Postkarten kennt, die sie bei ihren Großeltern früher immer wieder gesehen hat. Sie ist grazil und wirkt schüchtern, als hätte sie sich nicht getraut, es dorthin zu schreiben. Trotzdem sieht man die zarten Linien, die

wenige Buchstaben aneinandergereiht haben, bis sie ein einzelnes Wort ergeben:
Wie?!
Angelica lächelt.

Hat ihre Mutter hier zu lesen aufgehört?
Sie denkt an all die schönen Abenteuer, die sie auf dieser Reise erleben durfte. Viele ergaben sich daraus, dass sie sich von der Illusion gelöst hat, alles planen zu können.

Bei manchen Vorstellungen, wie den alten Mann zu treffen und mehr Zeit mit Elias zu verbringen, fiel ihr das Loslassen schwerer. Am Ende hat sie es getan, weil sie es musste.
Aber immerhin, sie hat es getan - ein Fortschritt.
Sie beschließt, dass auch diese beiden auf ihre Liste mit erfolgreichen Loslösungen kommen.

Jetzt fragt sie sich nur noch, wie sie ihren Eltern beibringen soll, dass sie ihren Vorstellungen, zu studieren, vorerst nicht entsprechen wird.

Wie stelle ich das an, ohne sie zu enttäuschen?

Wie aufs Stichwort fährt der Bus auf den Parkplatz des Amsterdamer Flughafens ein und bringt sie ein Stück näher an die unvermeidbare Diskussion, vor der Angelica vor einigen Wochen geflüchtet ist.

18.

In diesem Moment lässt Marius den Blick seines Herzens über den Parkplatz des Amsterdamer Flughafens schweifen. So viele Menschen, die es eilig haben, irgendwohin zu kommen. Er kann den Stress spüren, den die meisten ausstrahlen und der sie auf eine eigene Art und Weise alle miteinander verbindet. Das exzessive Geräuschchaos der Hektik, die ihn umgibt, dringt an seine Ohren.

Alle versuchen an einen fremden Ort zu kommen, um dort etwas zu finden. Was? Warum?

Doch dann erinnert er sich, mit welcher Hast er nach Lissabon aufgebrochen ist, im unerschütterlichen Glauben, am anderen Ende von Europa die Lösung seiner Probleme zu finden.
Irgendwie war es dann auch so, stellt er lächelnd fest.

Plötzlich nimmt er ein besonderes Energiefeld wahr. Er konzentriert sich auf sein Herz und wendet sich einem Bus zu. Dort glaubt er das Leuchten eines Menschen wahrzunehmen, der aus dem Bus aussteigt. Sein Herz sieht genauer hin und freut sich, denn es glaubt, etwas zu entdecken.

*

Doch eine zarte Stimme in ihm sagt:
»*Warte, es braucht noch Zeit.*«

*

Er nickt.
Das Warten beherrsche ich.

Marius dreht sich wieder dem LKW-Fahrer zu. Er hört zwei Stimmen – die eine von Luke, die andere ist die eines jüngeren Menschen.

»Dass du gut auf dich aufpasst in der Schule, hörst du Oliver? Du erinnerst dich doch noch, was ich dir über das Prügeln gesagt habe, oder?«
»Ja, Papa, ja, Papa.«

Der alte Mann muss schmunzeln. Er kann den kindlichen Unwillen des Jungen richtiggehend spüren.

»Und was habe ich dir erklärt?«, lässt Luke nicht locker.

»Prügeln ist keine Lösung«, wiederholt Oliver im Singsang des Auswendiggelernten.

»Genau, und jetzt lass dich von deinem Papa drücken.«

Marius spürt die innige Umarmung von zwei Menschen, die sich auf einer tieferen Ebene begegnen. Der Junge mag zwar trotzig sein, doch er liebt seinen Vater eindeutig.

»Wann kommst du wieder?«, ertönt die zögerliche Stimme des Kindes.

»In einer Woche, mein Kleiner«, entgegnet Luke.

»Musst du denn jedes Mal wegfahren?.«

Der Fernfahrer seufzt. »Derzeit fällt mir beim besten Willen keine andere Lösung ein.«

Dann verabschieden sich die beiden.

Der alte Mann hebt den Kopf und nickt.

Es gibt immer einen Ausweg. Meistens ist er einem so nah, dass man vergisst, dass es einer sein könnte. Marius schmunzelt. Mal sehen, was das Universum mit ihm und Luke vorhat.

»Mein Guter, wir müssen los.« Der Greis merkt, dass die Stimme des Truckers rau und brüchig ist.

Marius lächelt ihn an.

Alles zu seiner Zeit.

19.

Angelica sieht aus dem Flugzeugfenster und blickt auf die vorbeirauschende Landschaft. Das Donnern in der Kabine schwillt beim Abheben des Flugzeugs an und wird dann leiser. Alles, was zurückbleibt, ist ein seltsames Gefühl der Leere in ihrer Magengrube.

»So viel dazu«, murmelt sie.

*

Jetzt, da die Reise fast zu Ende ist, schickt das Herz lichtvolle Energie zu Angelica, damit sie zu Kräften kommt und die schönen Erlebnisse dieses Abenteuers bei ihr bleiben.

Sie soll nicht wieder anfangen sich zu verschließen.

*

Langsam breitet sich ein Lächeln auf ihren Lippen aus, als sie an all die erfreulichen Begebenheiten denkt, die sie so nie hätte planen können und die viel bezaubernder waren, als sie es sich je erträumt hat. Nach dem Auf und Ab der letzten Wochen findet sie die Entscheidungsfrage, was sie in ihrem Leben machen soll, nicht mehr ganz so dramatisch. Zufrieden richtet sie sich in ihrem Sitz ein. Gerade, als sie die Augen schließen will, fällt ihr ihre Sitznachbarin auf.

Eine blonde Frau um die dreißig. Sie liest auf ihrem Handy und schüttelt frustriert den Kopf.

Verwundert schaut Angelica die Frau an.

Diese bemerkt ihren forschenden Blick und sagt: »Manchmal ist es nicht einfach.«

»Was meinen Sie?«

»Das Leben«, antwortet die Frau seufzend.

Angelica lacht.

»Oja, ich habe den Eindruck, dass es ganz schön herausfordernd sein kann. Was bringt sie denn gerade auf den Gedanken?«

»Mein Klient! Ich versuche Menschen zu helfen, die vor schwierigen Entscheidungen stehen. Er hat die Wahl, das zu tun, was ihm vernünftig erscheint und die Erwartungen der anderen erfüllt. Oder er macht das, was er von Herzen wil. Das scheint selten eine triviale Wahl zu sein, auch wenn es so klingt.«

Verblüfft starrt Angelica die Frau neben sich an. Diese Erzählung über den Klienten erinnert sie stark an sie selbst.

Das kann doch kein Zufall sein.

Die Frau grinst. »Lass mich raten. Du stehst vor einer schwierigen Lebensentscheidung und stellst dir die Frage, wie es kommt, dass du ausgerechnet neben mir sitzt, wo das mein Spezialgebiet ist. Richtig?«

Angelica nickt stumm.

Die Frau lacht. »Irgendwie glaube ich, ist das meine besondere Fähigkeit: zur richtigen Zeit den richtigen Menschen zu begegnen. Ich gewöhne mich langsam daran – also fang an und erzähl mir, was bei dir los ist.«

Angelica ist zwar verblüfft, ergreift aber die Gelegenheit, ihre Gedanken zu teilen: »Alles fing damit an, dass ich davor flüchten wollte, mein Abschlusszeugnis für die Schule entgegenzunehmen. Denn mir war klar, wenn ich das Zeugnis erst in der Hand halte, muss ich die wichtigste Entscheidung meines bisherigen Lebens treffen, und zwar, was ich werden will ...«

Sie erzählt ihre ganze Reisegeschichte. Von den wunderbaren Menschen, die sie getroffen hat, und den kleinen und großen Ereignissen: ihrer Tante mit der Ranch voller Tiere, der Zauberin, die goldene Herzen an den Himmel malen konnte, dem eigenartigen Mädchen vom Schiff, von ihrer Nahtoderfahrung im Wasser, von dem Leuchtturmwärter und der tollen Nacht mit Elias.

Sie berichtet sogar von ihren inneren Erlebnissen: wie sie ihre Seele spürte und ihr Herz mit ihr kommunizierte, und sie erzählt von der Frage, die sie die ganze Zeit begleitete: *Wohin soll mein Weg mich führen?* Und neuerdings auch: *Wie erkläre ich meinen Eltern, dass ich vorerst nicht studieren will und keine Karriere nach ihren Vorstellungen* mache?

Die Frau hört ihr still zu. Irgendwann findet Angelica ihre Gelassenheit unheimlich. Zeitweise schließt die Frau die Augen und scheint dabei nicht einmal wirklich konzentriert zu sein.

Trotzdem spricht Angelica immer weiter – ein Ventil scheint sich bei ihr geöffnet zu haben und jetzt kann sie nicht mehr aufhören.

Als sie der Meinung ist, alles gesagt zu haben, was es zu berichten gibt, sieht sie die Frau an und fragt: »Und was soll ich tun? Ich würde viel machen, damit das Thema endlich erledigt ist.«

Die Frau zwinkert ihr zu. »So läuft das Spiel nicht, junge Dame.« Sie hebt den Zeigefinger, bevor sie fortfährt: »Du kannst nicht auf irgendwas hören, das andere Leute dir empfehlen. Du musst auf dich selbst hören, und das heißt, dass du die Verantwortung für deine Entscheidungen übernimmst. Natürlich darf dein Umfeld dir den einen oder anderen guten Rat geben, den du dann in deine Überlegungen miteinbeziehst, aber am Ende entscheidest du. Damit wir uns verstehen: Mit ›auf dich selbst hören‹ meine ich das hier.« Sie legt ihre Hand auf ihr Herz und fährt lächelnd fort: »Dieses Ding hier weiß manchmal mehr als unser Verstand. Bei dir war es wohl damit beschäftigt, dir zu zeigen, wohin die Reise gehen soll.«

Angelica ist verwirrt.

»Wie ist das jetzt gemeint?«.

Die Frau legt ihre Finger beruhigend auf die Hand von Angelica. »Das ist das, was du selbst entscheiden musst. Das Herz kann dir dabei helfen, indem es dir zu verstehen gibt, was sich gut anfühlt und was nicht. Das hat es bei dir sehr überzeugend getan. Erinnere dich an deine Klassenkameraden. Die haben sich gut dabei gefühlt, eine baldige Entscheidung zu treffen und ihr Leben in gerade Bahnen zu lenken. Doch so wie es klingt, warst du nur genervt und hast ihre rasche Wahl als Druck empfunden. Dein Herz möchte also andere Erfahrungen machen als dein Umfeld. Es will stattdessen hinaus in die Welt: Menschen sehen, sie berühren, auf Abenteuerreise gehen und das Leben erleben. Manche von uns sind eher alte Seelen, die viel gelernt haben und endlich ihre Träume verwirklichen wollen.« Sie zuckt mit den Schultern.

»Keine Angst, junge Seelen können das auch, doch irgendwann wird der Wunsch dringender.«

Die Frau lächelt sie an.

»Seelen und deren Träume?«, fragt Angelica misstrauisch.

»Du musst mir nicht glauben, was ich sage, das ist möglicherweise auch besser so. Dann kannst du zumindest nicht behaupten, du hättest auf eine verrückte Dame im Flugzeug gehört, während du deine bisher wichtigste Lebensentscheidung getroffen hast.«

Sie zwinkert ihr zu und fährt fort:

»Erinnere dich einfach an jene Menschen, die dich am unvoreingenommensten betrachtet haben, denen du am Herzen lagst und die kein Eigeninteresse an deiner Wahl haben. Vielfach zeigt sich im Leben der eigene Weg recht klar in den gesammelten Aussagen unserer Wegbegleiter, die uns gernhaben. Leute, die einen von außen beobachten, erkennen häufig mehr als wir. Wir sind oft zu nah dran, um das große Ganze zu sehen. Das ist ein bisschen, als würden wir versuchen, das Universum mit einer Lupe im Gesamten zu erfassen. Einfacher ist es, wenn wir auf das achten, was uns die Begegnungen mit anderen Menschen vermitteln. Unsere

Talente sind mit ein bisschen Abstand meist wesentlich besser ersichtlich, weil sie nicht von dem blockiert werden, was wir glauben, über uns zu wissen – und dann kommt noch der Herzfaktor dazu. Welche Einschätzung von anderen fühlt sich im Herzen positiv an, das ist die spannende Frage.«

Angelica lässt die Worte auf sich wirken. Sie überlegt lange, was ihr die Menschen auf ihrem Weg empfohlen haben.

Ihre Schulkameraden und ihre Eltern haben sie aufgefordert, eine Entscheidung zu treffen.

Die Menschen, die sie auf ihrer Reise getroffen hat, rieten ihr, sich nicht in einen Job zu stürzen, der nicht zu ihr passt, und das hat sich gut angefühlt.

Sie denkt an den Leuchtturmwärter, der sie danach fragte, ob sie studieren wolle und wie schnell sie ›Nein‹ sagte. Ihr fällt ihr Vater wieder ein. Wie er ihr erklärte, dass es zwei Arten von Menschen gäbe, was das Reisen betrifft: die einen, die vom Reisefieber angesteckt werden, und die anderen, die herausfinden, dass es nichts für sie ist. Letztere pflegen lieber ihren eigenen Ort auf der Welt, statt sich von einem Land zum nächsten treiben zu lassen, und sind dort glücklich.

Angelica wird langsam klar, dass sie eher zu den Reisenden gehört. Dennoch will sie beides haben. Sie möchte ein ›und‹. Ein Zu-Hause-Bleiben *und* das Auf-Reisen-Gehen. Als sie ihre Gedanken der blonden Frau mitteilen will, hört sie ein leises Schnarchen neben sich.

Die Frau ist eingeschlafen.

Angelica muss lächeln. Sie ist wirklich die Gelassenheit in Person.

Bevor das Flugzeug sich in den Landeanflug begibt, erwacht ihre Sitznachbarin wieder. Nachdem sie sich ausführlich gestreckt hat, sieht sie Angelica neugierig an.

»Na, bist du zu einer Entscheidung gekommen?«

»Ja, ich hätte gerne beides. Sowohl das Reisen als auch einen Ort, zu dem ich zurückkehren kann. Doch wie setze ich das um?«

Die Frau denkt kurz nach und dann antwortet sie unaufgeregt: »Wenn wir einmal herausgefunden haben, was wir wollen, dann geschieht der Rest meistens von allein. Das Universum hilft einem gerne dabei, die eigenen Wünsche umzusetzen, wenn es denn die passenden für uns sind. Vertraue darauf, dass alles gut wird.«

Angelica nickt. Warum nicht, was hat sie zu verlieren? Sie grinst, als ihr noch etwas einfällt. »Danke schön für die

Erinnerung, ich glaube, so etwas Ähnliches habe ich mal in einem Buch gelesen.« Sie hält der Frau ihre Hand hin.

Die lächelt, ergreift ihre Hand und schaut sie auffordernd an.

»Danke mir nicht, sondern übernimm die Verantwortung. Werde das, was du wirklich werden willst. Ich habe nämlich einen Geheimplan für mein Leben: Ich will die Potenziale der Menschen zum Leuchten bringen. Ich will lauter Leuchttürme auf dem Weg zu einer neuen erwachten Gesellschaft sehen. Ich glaube aus tiefstem Herzen, dass wir mehr Schönes auf dieser Welt vollbringen können, als wir es bereits tun. Dazu müssen wir allerdings anfangen, auf unser Herz zu hören und nach dem zu leben, was es uns mitteilt.«

Sie grinst sie an.

»Ja, auch ich habe meine Vorstellungen vom Leben, deswegen ist es wichtig, darauf zu hören, was DIR guttut.«

Sprachlos sieht Angelica sie an. *Das war eine Ansage*, denkt sie ein wenig ehrfürchtig.

Seltsamer sogar als meine eigene damals am Ticketschalter.

Doch für die Frau ist das wohl nichts Außergewöhnliches. Sie ist hat sich wieder ihrem Handy zugewandt und antwortet wohl ihrem Klienten, der ihr beim Start Kopfzerbrechen bereitet hat. Zumindest vermutet das Angelica, denn sie tippt stirnrunzelnd eine lange E-Mail auf ihrem Handy.

Vielleicht ist es auch besser, dass sie anderweitig beschäftigt ist, denn Angelica wüsste sowieso nicht, was es zu erwidern gäbe.

Sie ist sprachlos.

20.

Der Trucker Luke macht seinen Job seit mehreren Jahren. Seine Haupttätigkeit besteht somit darin, einem Asphaltband zu folgen, das sich vor ihm zum Horizont zieht. Die Arbeit gefiel ihm nie besonders, aber er kam damit zurecht.

In den letzten Jahren fiel es ihm allerdings immer schwerer, sie auszuüben, weil sein Oliver zu Hause auf ihn wartet. Er liebt ihn aus vollem Herzen und er ist einer der wenigen Menschen, die ihm etwas bedeuten. Vor allem, seitdem seine Frau eines Tages verschwunden ist.

Der Kleine lebt bei seinem Onkel, während Luke auf Tour ist. Gerade als Alleinverdiener muss er seine Aufgabe als Vater wahrnehmen und Geld nach Hause bringen. Er hat Glück, weil er gut bezahlt wird. Trotzdem fragt er sich häufig, ob das alles wirklich einen Sinn hat, denn er ist die meiste Zeit von seinem Jungen getrennt und den begeistert das noch weniger.

Wie er ihm vor Jahren erklärt hat, übt er seine Tätigkeit als Truckfahrer schon so lange aus, dass er sich nichts anderes mehr vorstellen kann.

Normalerweise fährt er allein, doch diesmal hat er einen Begleiter. Sein Blick schweift zur Seite hin zu dem alten, blinden Mann.

Das ist ein seltsamer Kauz, stellt er fest. *Das Einzige, was er tut, wenn er nicht ins Leere hinaussieht, ist seine Gitarre auf den Schoß zu nehmen und zu spielen.*

Luke hat keine Ahnung, was es damit auf sich hat. Doch das letzte Mal, als er dem Spiel des Alten zuhörte, wurde ihm mulmig zumute und eine Träne lief ihm über das Gesicht. Ihm, dem harten Kerl, den selten etwas zum Weinen bringt, nicht mal der Abschied von seinem Sohn, so schwer ihm der jedes Mal auch fällt. Er hätte sich das denken können, als der Kapitän ungewohnt ehrfürchtig von dem alten Knacker sprach. Obwohl sie sich lange kannten, hatte er den Schiffsführer nie zuvor so erlebt. Der hatte ihm gesagt, dass der Mann aus Lissabon gestartet ist, und Luke konnte kaum glauben, wie es dieser alte Blinde auf seiner Reise nach Wien soweit geschafft hat.

Doch dann zuckt der Trucker mit den Schultern. *Was gehen mich die Pläne von dem alten Knacker an?*, denkt er sich und fährt auf eine Raststätte.

Sie sind seit einigen Stunden unterwegs und er hat einen Riesenhunger. Als geübter Langstreckenfahrer weiß er, wo es auf dem Weg nach Wien eine gute Mahlzeit zu finden gibt. Er freut sich, dass er Gesellschaft hat und der Kapitän ihm extra Geld mitgegeben hat.

Als er anhält und aussteigt, öffnet der alte Mann die Tür, als wüsste er ganz genau, was der Grund ihres Aufenthalts ist, ohne dass die beiden ein Wort darüber gewechselt haben. Gemeinsam gehen sie in Richtung Restaurant. Luke findet es faszinierend, wie gut die Orientierung des blinden Mannes ist. Obwohl er nichts sieht, scheint er immer zu wissen, was um ihn herum passiert. Sein Mitfahrer setzt sich ohne ein weiteres Wort an einen der Tische und wartet, während sich der Trucker verwundert auf den Weg macht, um Essen für sie beide zu holen.

Einige Minuten später steht für jeden der beiden ein saftiger Burger auf dem Tisch. Luke beobachtet sein Gegenüber perplex. Der alte Mann ergreift sanft ein Stück Pommes und riecht genüsslich daran. Dann, ganz vorsichtig, Millimeter für Millimeter, knabbert er das

Kartoffelstück an und lacht letztendlich lauter und fröhlicher, als Luke es jemals bei jemandem gehört hat. Verwundert legt der LKW-Fahrer sein Besteck zur Seite und betrachtet Marius genauer. Der gräbt seine Zähne in den Burger und lacht erneut voller Freude.

Wen habe ich da im Gepäck?, fragt sich Luke verdutzt.

»Alles in Ordnung?«

Der Ältere hält inne und neigt den Kopf zur Seite, als hörte er in sich hinein. Dann nickt er und schaut den Trucker direkt an. Obwohl seine Augen nichts sehen können, hat Luke in diesem Moment das Gefühl, nie durchdringender angesehen worden zu sein.

»Ja, und bei dir?«

Seltsamerweise stockt dem Trucker der Atem. Die Frage des alten Mannes hat eine Intensität, die Luke überrascht. Er kann spüren, dass es sich nicht um eine Höflichkeitsfloskel handelt, sondern um echtes Interesse an einer ehrlichen Antwort. Als wäre das Leben zu kurz, um sich gegenseitig zu belügen. Zu kurz, um sich mit Nichtigkeiten aufzuhalten, zu kurz, um Wissbegierde vorzutäuschen. Es klingt, als würde er ausdrücken wollen: »*Ich bin gerne bereit, mit dir in den Dialog zu treten, aber dann meine es bitte ernst.*«

Tief in sich bewundert Luke seinen Begleiter. Wie wäre es, in jedem Moment mit einer solchen Intensität dem Leben zu begegnen? Er ist sich sicher, dass sein Gegenüber nicht anders wollte.

»Mein Sohn ...«, beginnt Luke und bricht dann ab. Er hält kurz inne.
Sollte ich einem Fremden von meinen Problemen erzählen?

*

Doch als er in die verständnisvolle Miene blickt, schöpft sein Herz Hoffnung. Es ist ein Herz, das durch die Eintönigkeit der unendlichen Kilometer auf der Straße und die ständigen Abschiede von seinem Sohn abgestumpft ist. Eines, das sich nicht mehr vorstellen kann, wie es ist, sich auszubreiten. Aber wie alle Herzen kommt es aus der Liebe und hat ein tief verwurzeltes Vertrauen. Zaghaft streckt es die Hand zu dieser Quelle der Liebe und öffnet sich für einen Strom von Licht.

*

Der Trucker will seine Situation erklären: »Ich würde meinem Sohn gerne den Wunsch erfüllen, öfter bei ihm zu sein, doch ich weiß nicht, wie ich das schaffen soll. Das ... macht mich traurig.«

Der Alte nickt.

Dann lächelt er.

»Wenn man wünscht und im Gleichklang mit dem Universum ist, geschehen die Dinge meistens von allein. Dann musst du nur eines tun.«

Ein wenig verwundert über die Antwort spricht Luke dennoch weiter:

»Ich wünsche es mir ja, aber bisher habe ich keine Lösung für mein Problem gefunden. Was ist also deiner Meinung nach die eine Sache, die ich machen muss?«

»Daran glauben, dass das Universum dir dabei hilft, deine Wünsche zu erfüllen!«, erwidert der Alte, als wäre es das Selbstverständlichste auf der Welt.

Luke weiß nicht, wie ihm geschieht, doch wieder rinnt ihm eine Träne aus den Augen, wie damals, als sein Beifahrer auf der Gitarre spielte.

*

Der alte Mann beobachtet, wie sich das Herz seines Gegenübers ein Stück mehr öffnet. Es ist, als hätte jemand ein Schlüsselwort gesagt, um eine geheime Tür zu entriegeln und Raum zu schaffen. Doch die Frage ist, ob sein Kopf überhaupt noch fähig ist zu glauben. Ob die Kilometer auf der Straße ihn nicht zu abgehärtet haben, um noch auf das zu vertrauen, was der alte Mann in ihm berührt.

*

Doch eine Stimme in Lukes Herzen, die fast wie ein Chor aus vielen Stimmen klingt, hält dem entgegen: »Wir Herzen hören nie zu glauben auf, egal was passiert.«

In diesem einen Moment kommt diese Aussage nicht von einem Herz, sondern von Millionen und Milliarden Herzen, die auf der ganzen Welt miteinander verbunden und tief in sich mit der Liebe verankert sind, auch wenn ihre Träger das manchmal nicht mehr mitbekommen.

*

Luke versteht nicht recht, was passiert, doch er ist zutiefst berührt. Er nickt dem alten Mann zu, dieser nickt zurück, und das, obwohl er ihn eigentlich gar nicht sehen kann – doch das scheint keine bemerkenswerte Rolle für ihn zu spielen.

21.

Angelica ist auf dem Wiener Flughafen gelandet und im Gegensatz zu den meisten anderen Passagieren spaziert sie ohne Hektik zum Gepäckband, statt schnellstmöglich dorthin zu eilen.

Bei den Koffern angekommen trifft sie erneut auf ihre eigentümliche Sitznachbarin. Angelica tippt ihr auf die Schulter und sie dreht sich um.
»Ah, die junge Dame mit dem Lebensschluckauf«, sagt sie lächelnd. »Wie geht es dir?«
»Wesentlich besser«, erwidert Angelica.

Sie hat verstanden, was diese Frau ihr mitteilen wollte, oder besser, was sie selbst sich sagen wollte, aber wozu ihr bis gerade die klaren Worte fehlten. Es muss ein ›und‹ geben. Die Möglichkeit, zu reisen und immer wieder zu Hause zu sein, um die schönen Erlebnisse aus beiden Welten zu erfahren. Sie weiß nicht, wie, doch sie glaubt, gelernt zu haben, dass das *Wie* nicht immer so bedeutend ist, solange man weiß, was das *Was* ist.

Doch eine Sache beschäftigt sie noch.

»Danke nochmals für den tollen Rat. Nur wie erkläre ich das jetzt meinen Eltern? Die haben eindeutige Erwartungen an mich und ich will sie nicht enttäuschen«, fragt sie verzweifelt.

Ihr ist beim Aussteigen wieder eingefallen, welche Diskussionen sie zu Hause erwarten. Langsam fällt ihr immer stärker auf, welches Gefühl der Hilflosigkeit sie bei diesem Thema erfasst.

Die blonde Frau sieht sie nachdenklich an, dann erklärt sie: »Darauf kann ich dir keine hilfreiche Antwort geben. Ich kann dir nur sagen, dass wir manchmal Leute *enttäuschen* müssen. Sozusagen der Täuschung ein Ende setzen, wie die ursprüngliche Bedeutung des Wortes ist. Aber ich habe gelernt, dass ich lieber andere enttäusche und dabei ich selbst bin, als mich zu täuschen. Das Problem ist, je länger du vorgibst, etwas zu sein, was du nicht bist, desto schwieriger wird es, diese Illusion aufrechtzuerhalten. Mit der Zeit werden mehr und mehr Ansprüche an dich gestellt, weil die anderen gar nicht wissen, dass das gar nicht dein Weg ist, den du ihnen so ausgezeichnet vorspielst. Es ist, als wärst du ein Zugvogel, der glaubt, er müsse in unseren Breitengraden überwintern wie andere Vögel hier. Das Leben wäre für dich im Winter immer ungemütlicher, weil es schlicht und einfach nicht deine natürliche Umgebung ist.«

Die blonde Frau zuckt mit den Schultern.

»Auf der anderen Seite hast du die Möglichkeit, dem Weg deines natürlichen Lebenslaufes zu folgen, wie es die Zugvögel es tun. Obwohl es sich am Anfang vielleicht nicht so anfühlt, wenn du dem folgst, was zu dir passt, wird sich alles natürlicher entwickeln. Die Zugvögel haben nicht immer die einfachste Reise vor sich, bevor sie in wärmeren Gegenden landen. Doch letztlich wird das Leben wesentlich behaglicher, wenn der Zugvogel dem Ruf gefolgt ist, um in jene Gefilde zu fliegen, wo er heimisch ist.«

Angelica nickt. Ja, da hat die Frau recht. Es scheint, als müsste sie ihre Eltern enttäuschen, auch wenn das schwerfällt. Vielleicht kommt es ihr jetzt nicht wie der müheloseste Weg vor, aber auf lange Sicht gesehen, ist es wohl der klügere.

»Danke für alles«, sagt sie zu der blonden Frau und schließt sie in die Arme. Sie drückt sie fest, und erinnerte sich dabei, wie viele Menschen sie auf dieser Reise schon umarmt hat. Die Frau lächelt und erwidert die Geste.

»Es ist alles gut und es wird alles gut. Keine Angst. Jede Seele taucht in ein wunderbares Licht ein, wenn sie erst den schmalen Tunnel der größten Ängste durchfahren hat. Der Tunnel ist bei Weitem nicht so finster, wie man anfänglich glaubt, wenn man zum ersten Mal davorsteht. Mach am besten das Licht an. Dann geht's bequemer.«

Angelica lacht. Was für eine seltsame Aussage. Gerade als sie ihrer Verblüffung Ausdruck geben möchte, erspäht ihre Gesprächspartnerin ihr Gepäck und macht sich auf den Weg, es zu holen. Angelica sieht, wie sie einen rosaroten Koffer mit weißen Vögeln, die gerade abheben, vom Förderband nimmt und ihr noch einmal zuwinkt.

»Hör auf dein Herz! Es ist schlauer als dein Kopf!«, ruft die blonde Frau ihr zu.

Angelica ruft ein herzliches »Danke« zurück, während sie sich mit einem Winken von ihrer Sitznachbarin verabschiedet.

Sie erinnert sich zurück an Marlena, die Zauberin, die sie im Zug getroffen hat. Vielleicht sollte sie wirklich mehr reisen, so wie die Zugvögel es tun. Wenn man dabei solche Menschen trifft, könnte das faszinierend werden.

22.

Als Angelica zum Ausgang geht, sieht sie ihre wartenden Eltern von weitem.

»Angelica ... Angelica!« Die Stimme ihrer Mutter bahnt sich ihren Weg durch die Menge, während sie auf ihre Tochter zuläuft und sie liebevoll umarmt.

Irgendwie ist es dann auch wieder schön, zu Hause zu sein.

»Mein armes Kind, wie du aussiehst«, sagt ihre Mutter, während sie Angelica sorgenvoll betrachtet, nachdem sie sie losgelassen hat.

Angelica blickt an sich hinunter, kann jedoch nichts Offensichtliches entdecken.

Nun ja, obwohl, da sind ein paar blaue Flecken von meinem ›Meereskuss‹, die noch nicht verheilt sind, und meine Kleidung sah tatsächlich mal gepflegter aus. Okay, und der Rucksack ist schmuddeliger geworden.

In dem Moment schaut sie direkt zu ihrem grinsenden Vater auf, der ihrem Blick gefolgt ist.

Er nimmt die beiden in seine Arme. Ihre Mutter links, Angelica rechts und steuert sie aus dem Flughafengebäude hinaus.

»So, meine beiden liebsten Frauen auf der Welt. Ich schlage vor, unsere Angelica kommt jetzt mit nach Hause, wo sie sich ausgiebig duscht und ausschläft.«
Ihre Mutter ist ganz seiner Meinung.

Als die drei daheim sind, stellt sich Angelica sofort unter die heiße Brause. Sie genießt das Wasser und die Vorstellung, ausnahmsweise wieder in ihrem eigenen Bett zu schlafen.

Zurück in ihrem Zimmer sieht sie den Rucksack, den ihr Vater in eine Ecke gelegt hat. Einerseits ist sie erleichtert, gut zu Hause angekommen zu sein, andererseits erfüllt sie eine seltsame Traurigkeit. Der Rucksack wirkt verloren in der Ecke, im Stich gelassen und endgültig abgestellt.

Als vermisste er die Zeit, als wir zusammen unterwegs waren.

Sie reißt sich von diesem seltsamen Gedanken los und setzt sich an ihren Schreibtisch, an dem ihre Reise vor einer gefühlten Ewigkeit begonnen hat.

Langsam fährt sie mit der Hand über die Oberfläche des Tisches und spürt all die Rillen und Kratzer, die er im Laufe der Jahre bekommen hat.

Sie erinnert sich daran, wie sie an diesem Ort begonnen hat, eine Liste mit Studienrichtungen zu schreiben, um die richtige Entscheidung zu treffen. *Ohne Erfolg.*

Seitdem ist viel mit ihr passiert. Sowohl im Inneren als auch im Äußeren. Sie hat Erfahrungen gesammelt, die sie nicht einmal zu träumen gewagt hätte.
Die Rillen und Macken verleihen dem Möbelstück den eigenen Charakter. Sie erzählen seine Geschichte und machen ihn nicht weniger schön, sondern zu einem besonderen Exemplar.

Sie erkennt sich darin wieder. Sie merkt, dass das Leben auch bei ihr beginnt, Spuren zu hinterlassen, dass sie sich verändert hat. Sie ist eine andere geworden als jene Unsichere, die sich überlegt hat, was sie studieren soll, aber es nicht geschafft hat, eine Liste mit Möglichkeiten zusammenzustellen. Das Papier mit den Studienrichtungen liegt noch immer zerknüllt auf dem Schreibtisch. Sie nimmt es und wirft es, ohne zu zögern, im hohen Bogen in den Mülleimer.

»*Yes* – Treffer!«, ruft sie erfreut aus.

Diese Liste wird sie nicht weiterbringen.

Was weiß die schon, was das Leben bringt?
Sie merkt, dass sie das selbst herausfinden will. Sie möchte wissen, was das Leben zu bieten hat. Welche Abenteuer sie erleben wird und welche Macken und Rillen ihren Charakter formen werden.

Für Angelica ist klar, dass ihre Reise erst begonnen hat. Da gibt es nur noch eine Sache. Sie steht auf, läuft zum Rucksack und holt das lederne Buch mit den goldenen Buchstaben heraus.

Vielleicht findet sie hier ja den Rat, den sie sucht? Wie immer, als wäre es ein Ritual, um sich einzustimmen, streicht sie mit den Fingern über die Oberseite und fühlt die Buchstaben.

Das beruhigt sie.

Dann schlägt sie es auf.

Manchmal müssen wir andere enttäuschen und den Illusionen ein Ende machen, um uns selbst nicht zu verlieren.

Nur so können wir unseren Weg gehen.

Solange eine Handlung in Liebe und Mitgefühl für alle Beteiligten vollzogen wird, kann es dann auch für alle ein gutes Ende geben, weil es das Richtige ist.

Angelica wundert es kaum, dass sie an dieser Stelle gelandet ist, und nickt. Gleichzeitig kullern Tränen aus ihren Augen. Sie hatte nie vor, ihre Eltern zu enttäuschen und sie damit zu verletzen.

Mit einem Mal erfasst sie wieder die Erinnerung an ihre Krise, die sie in der Schule hatte. Als sie damals tagelang mit gepacktem Rucksack und mit einem ungewissen Gefühl, möglicherweise aufzubrechen, durchs Fenster starrte. Doch sie war diesem Ruf nicht gefolgt.

Das war gut und schön, solange sie das Abitur machen wollte, aber jetzt ist es an der Zeit anders zu handeln.
Auch wenn die Reise voller Höhen und Tiefen war, sie will keine einzige Sekunde davon missen und freut sich auf zukünftige Erlebnisse. Die Worte des Leuchtturmwärters kommen ihr in den Sinn:

In deinem Fall, meine Liebe, denke ich nicht, dass dich ein gewöhnliches Leben erwartet.

Aber zuerst muss sie mit ihren Eltern sprechen.
Es fühlt sich richtig an, obwohl es nicht ganz einfach wird.

Bis dahin hat sie zum Glück noch ein bisschen Zeit. Sie gähnt und mit einem Mal überfällt sie eine unfassbare Müdigkeit. Sie legt sich in ihr Bett und schließt die Augen. Die vielen Abenteuer der letzten Wochen fordern ihren Tribut und sorgen dafür, dass sie sanft in einen tiefen Schlaf gleitet.

*

Das Universum betrachtet lächelnd das Stundenglas, in dem die wenigen verbliebenen goldenen Körnchen funkelnd nach unten rinnen. Angelica kommt dem Moment der Entscheidung immer näher. Sie hat einiges gelernt, ist wieder zu Hause und hat vieles verstanden, was ihr vorher unmöglich schien.
Wird sie auch den nächsten Schritt gehen und das Gelernte in die Tat umsetzen oder wird sie davor zurückschrecken?

Die Erde ist kein einfaches Lernfeld für Seelen. So viel Polarität, so viel Gutes und Schlechtes scheint es dort in den Augen der Menschen zu geben, dass sie manchmal vergessen, dass alles aus einem entsteht und Gut und Schlecht nur selbst geschaffene Konstrukte sind. Alle haben sich freiwillig für ihre Aufgabe entschieden, auch Angelica. Und so ist das Universum zuversichtlich, dass diese Seele ihren Weg findet.

23.

Marius und Luke haben die restlichen Stunden nach dem Essen schweigend im Fahrzeug zurückgelegt und erreichen nun Wien.

Auf den letzten Kilometern ist bei dem LKW-Fahrer eine Veränderung eingetreten. Und das, obwohl der alte, blinde Mann kein Wort mehr gesagt und kein Lied mehr gespielt hat.

Luke ist in der Stille immer klarer geworden, dass er endgültig eine Lösung braucht, um bei seinem Sohn zu bleiben. Er ist sich nur nicht sicher, wie er das anstellen soll.

Er sieht zu dem alten Mann neben sich, dessen Blick erstaunlicherweise auf ihn gerichtet ist. Marius lächelt und flüstert:

»Bist du sicher, dass du das nicht weißt?«

Die Worte treffen Luke wie ein Blitzschlag und er hat Mühe, das Fahrzeug auf der Straße zu halten.

Woher kennt er meine Gedanken?, zuckt es durch seinen Kopf. Gleichzeitig passiert etwas Seltsames. Sein Glaube, keine Lösung zu besitzen, wird in seinen Grundfesten erschüttert. Die Illusion der Ahnungslosigkeit verflüchtigt sich. Der Satz dringt in sein Herz, das sich in den letzten Stunden immer weiter geöffnet hat, und es antwortet in Lukes Kopf:

Wir haben eine Alternative. Ich weiß es und du auch.

Erneut rinnt ihm eine Träne über die Wange, als das Bild der Familienfarm vor seinem inneren Auge auftaucht. Seine Eltern hatten ihm vor langer Zeit angeboten, die alte Farm zu übernehmen. Aus Stolz hat er sich bisher immer geweigert, das anzunehmen. Er war der Meinung, etwas Eigenes aufbauen zu müssen um sich zu verwirklichen.

Doch was tue ich stattdessen? Den ganzen Tag starre ich auf die Straße, ohne es zu wollen.

Im Gegensatz zu manchen seiner Kollegen hatte sich das für ihn nie gut angefühlt. Er machte es des Geldes wegen. Anfangs fand er Gefallen daran, ein wenig von der Welt zu sehen. Wenn er ehrlich zu sich war, war er immer ein

›Junge vom Land‹ geblieben. Er hatte es in der Kindheit geliebt, auf der Ranch seiner Eltern die Pflanzen zu pflegen und sich um die Tiere zu kümmern. Bei der Suche nach den verlorengegangenen Tieren war er oft dabei gewesen und hatte ein beeindruckendes Gespür entwickelt, sie wiederzufinden.

All das hat er weggeworfen in dem Glauben, selbstständig sein zu müssen. Mit einem Mal wird ihm bewusst, dass die Lösung seines Problems immer direkt vor ihm lag. Das Einzige, was ihn daran hindert, die Lösung zu leben, ist ein Anruf. Aber da ist noch etwas anderes. Er muss sich eingestehen, dass sein Leben nicht so lief, wie er es sich vorgestellt hatte. Er lief jahrzehntelang einer Illusion nach, etwas anderes zu wollen, als ein Farmer zu sein. Langsam erkennt er, dass er sich in Wirklichkeit vor sich selbst versteckte.

Dieser eine Anruf, auf den meine Familie so lange wartet.

Er nickt.

»Danke.«

Nun lässt Marius die Finger wieder über die Saiten seiner Gitarre gleiten und spielt ein Lied, das es Luke leichter macht, seine Illusionen loszulassen, und ihm die Freiheit gibt, sein Selbst zur Entfaltung zu bringen.

Eine Träne nach der anderen fließt über das bärtige Gesicht des Fahrers. In diesem Moment schämt er sich nicht für seine Tränen, sondern er lächelt.

Er freut sich aus vollem Herzen, weil er die Lösung für ein Problem gefunden hat, das ihm unlösbar schien und ihn lange von seinem Sohn trennte.

24.

Angelica schlägt die Augen müde auf. Die Erlebnisse der letzten Wochen scheinen in ihr zu arbeiten und sie geweckt zu haben. Ihr Blick gleitet zum Dachflächenfenster. Dort draußen funkelt ein Stern vor sich hin.

Sie betrachtet ihn still und denkt an das außergewöhnliche Abenteuer, das sie in den letzten Tagen erlebt hat.

Es war besonders und irgendetwas sagt ihr, dass es noch lange nicht vorbei ist.

Sie erinnert sich an die Abende unter freiem Sternenhimmel in Sizilien mit Stella am Strand, und ihr Zimmer erscheint ihr nun eng im Vergleich zu der Freiheit, die sie vor Kurzem genossen hat.

Leise steht sie auf, schleicht die Treppen hinunter, hinaus aus dem Haus.

Vor der Tür atmet sie erleichtert auf.

Langsam spaziert sie durch die Straßen von Wien. Jetzt gibt es nur ein Ziel für sie. Eine steinerne Mauer auf einem Berg an einem Ort, an dem man die beste Aussicht auf die Stadt hat. Der Ort, an dem vor einigen Wochen der Entschluss gefallen ist, dass sie hier raus muss. Die kleine Mauer am Kahlenberg.

25.

Luke und Marius geben sich die Hände. Die runzlige alte Hand wirkt in den Pranken des jüngeren Mannes fast winzig.

*

Ihre Herzen betrachten sich gegenseitig still.

Auch Lukes Herz streckt die Hand nach dem Herzen des blinden alten Mannes aus.

Bitte sag es mir noch einmal, flüstert Lukes Herz.

Anschließend treffen sich die Hände der beiden Herzen in einem gemeinsamen Handschlag. Eine Woge von Licht geht vom alten Mann aus und breitet sich im Herzen seines Gegenübers aus, dem der Atem zu stocken scheint.

Der alte Mann flüstert: »Keine Angst, es ist alles gut und es wird alles gut.«

*

Als diese Worte Luke erreichen, sinkt er in der sternenüberfluteten Nacht zu Boden, und Tränen fließen ihm aus den Augen. Er weint über die Lösung der Illusion, an die er jahrelang geglaubt hat. Er weint über die Zeit, die er nicht mit seinem Sohn verbracht hat, weil er glaubte, es besser zu wissen. Er weint, weil ihm klar wird, dass es an der Zeit ist, einen neuen Weg einzuschlagen.

Denn wenn man einen neuen Weg nimmt, muss man sich eingestehen, dass der alte nicht der Richtige war, und Abschiede nicht immer einfach sind.

Und schließlich weint er aus Erleichterung, als ihm bewusst wird, dass die Zukunft schöner wird.

Marius nickt ihm still zu, nimmt seine Gitarre an sich und geht fort. Er spielt leise neue Töne, während er den Gehsteig entlangspaziert. Er ist wieder in Wien angekommen, wo er vor langer Zeit einmal seine Frau, sein Kind und sein altes Leben zurückgelassen hat.

Der alte Mann hat viel gelernt. Und auch wenn er nicht alles weiß, versucht er mittlerweile dem liebevollen Funken, der vom Universum ausgeht, so viel Raum wie möglich zu geben, damit es andere Leute berühren kann, doch das bedeutet nicht, dass jede seiner Bemühungen von Erfolg gekrönt ist.

Es heißt nur, dass er versucht, zum richtigen Zeitpunkt das Richtige zu tun. Dass er sich jedes Mal von Neuem in einen Pool der Unwissenheit fallen lässt, um zu sehen, was das Universum dort für ihn bereithält. Marius hat eines gelernt: Dass er seine Probleme nicht mit dem Kopf lösen sollte, sondern er mit jedem Schritt und jeder Bewegung dem Universum lauschen sollte. Dass er dem Unerklärlichen die Möglichkeit bieten sollte, ihm die Antworten zu geben, die er in dem Moment braucht. Denn er ist nicht halb so schlau und weise wie die Existenz als Gesamtes.
Um diese Demut zu erlangen, habe ich Jahrzehnte gebraucht.

Der alte Mann lässt seine Gedanken los und springt in den Pool der Unwissenheit, in ehrfürchtiger Erwartung, was er dort finden möge. Daraufhin öffnet sich sein Herz und zeigt ihm vor seinem inneren Auge einen goldenen Weg. Er hat keine Ahnung, wohin er führt, aber er hat die Noten des Universums, die ihn begleiten.

Und so spielt er und geht Ton für Ton und Schritt für Schritt seinem Ziel entgegen.

26.

Auf dem Weg zum Kahlenberg macht Angelica einen Schlenker, der ihr die Möglichkeit gibt, vor dem Besuch der Mauer beim Baumkreis vorbeizuschauen.

Zärtlich streicht sie mit den Fingern über das Schild aus Metall, wo die Worte ihres Lebensbaums, der Pappel, eingraviert sind.
Sensibilität.
Die Gefühle ihrer Mitmenschen erspüren.
Die großen Fragen der Welt stellen.
Stets auf der Suche nach Selbsterkenntnis.
Und all das mit einer ordentlichen Portion Kraft.

Ja. Sie geht zum Baum und umarmt ihn von ganzem Herzen. Sie erinnert sich an ihre letzte Begegnung mit ›ihrem‹ Baum, als sie verstand, dass sie nun beginnen muss, ihre Wurzeln zu suchen. Sie dachte dabei an ihre Ursprungsfamilie, in die sie hineingeboren wurde.

Doch die Suche ging über die historischen Wurzeln hinaus. Sie führte sie direkt zu ihrem inneren Ursprung, zu einer Berührung mit ihrer Seele.

Als sie ihre Wange an den Baum legt, bemerkt sie, wie sie sich verändert hat. Vor einigen Wochen, bei ihrem Schulabschluss, hatte sie zögerlich nach links und nach rechts geblickt, bevor sie den Baum vorsichtig umarmte, um sicherzustellen, dass das keiner mitbekommt. Heute lässt sie sich nicht mehr zurückhalten.

Sie drückt den Baum voller Liebe einen Moment länger an sich.

Ihr wird klar, dass sie erst angefangen hat, herauszufinden, wer sie ist. Zumindest den ersten Schritt der Selbsterkenntnis hat sie durch diese Reise getan. Die Einsicht, dass sie ihren eigenen Weg finden muss und nicht den, der aus den Erwartungen anderer besteht.

Sie gibt dem Baum einen Kuss.
»Danke!«

In diesem Moment glaubt sie, etwas über sich zu wahrzunehmen, und sieht nach oben. Die Sterne funkeln, als würden sie ihr alle gleichzeitig zuzwinkern.

»Bezaubernd«, ruft sie lachend aus und denkt an Marlena, die bei ihrer Verabschiedung ein Herz aus Gold für sie in den Himmel gezeichnet hat.

Sie drückt ihre Hände auf den Mund und breitet sie zum Himmel hin aus, so wie Marlena es immer getan hat:
»Auch dir, danke!«

Freude durchflutet sie.
So viel habe ich erlebt, so viel gespürt.
So vieles, von dem ich nicht wusste, dass es existiert.
So viel Neues, Schönes und so viel mehr Intensität, als mein Leben vorher zu bieten hatte.

Sie atmet einmal tief ein und aus, dreht sich um und begibt sich zu der Steinmauer. Es dauert etwas und es fühlt sich anders an als sonst, obwohl der Weg noch der gleiche ist und sie ihn so oft gegangen ist.

Irgendwie neu.

Ihre Füße, die sie über das Gras tragen, erinnern sich an jeden Schritt, dennoch ist es für ihr Herz ein neuer Weg.

27.

Marius hat aufgehört zu spielen. Er weiß, dass er vor einem kleinen Haus steht, dessen Fenster erleuchtet sind.

Am Anfang hat er kurz daran gezweifelt, denn vieles hat sich verändert. So gab es einige der Bäume, an denen er sich früher orientiert hat nicht mehr und der Nachbarzaun war neu. Doch als seine Finger die Gartentür berührten und sein Herz um sich fühlte, merkte er, wie wenig sich verändert hat.

Nun steht er an einer von der Nacht in Dunkelheit gehüllten Stelle. Hier hielt er bereits vor einigen Jahren inne, als es mit seiner Firma bergab ging und er sich nicht zu seiner Familie traute. Doch heute schwankt sein Vertrauen in sein Herz und er braucht mehr Gewissheit, als üblicherweise für ihn notwendig ist.

Neben ihm steht ein in Lumpen gekleideter Mann. Er ist dem Blinden gefolgt und weiß nicht so recht, wieso.

Marius spricht ihn an: »Leihst du mir deine Augen und sagst mir, was du siehst?«
Manchmal ist Unterstützung notwendig, wenn man sich nicht traut, mit dem Herzen hinzusehen.

»Hinter einem der Verandafenster steht ein Esstisch, dort sitzt eine alte Dame mit einem Mann mittleren Alters. Neben ihm ist eine Frau in demselben Alter, vielleicht seine Ehefrau, und einige jüngere Kinder. Eine Familie, die wohl irgendetwas zu feiern hat.«

Marius atmet erleichtert aus.

Er verabschiedet sich und sein Helfer macht sich langsam davon, verwirrt von der Frage warum er dem blinden Mann eigentlich gefolgt war. Grübelnd sieht ihm Marius hinterher und bedankt sich im Stillen bei ihm. Dann wendet er sich wieder dem Haus zu.
Meine Frau und mein Kind leben wohl noch hier.

Langsam öffnet er sein Herz um das Haus genauer zu betrachten. So kann er die Ausgelassenheit und Fröhlichkeit der Menschen wahrnehmen.
Es herrscht gute Stimmung.

*

Er macht einen Schritt nach vorne, doch in diesem Moment hält ihn eine zarte Stimme zurück:
»Noch nicht, dein Weg geht woanders hin.«

*

Er seufzt. Zum ersten Mal seit Jahren fällt es dem alten Mann schwer, auf diese Stimme zu hören.

Er hat seine Familie viele Jahre nicht mehr gesehen. Es hat ihn einiges an Überwindung gekostet, sich auf diese Reise zu begeben, aber jetzt steht er in greifbarer Nähe und will nichts mehr, als hineinzulaufen, sie alle zu umarmen und zu spüren, wie sich ihre Herzen berühren.

Er macht einen weiteren Schritt, doch sein Unterbewusstsein, das ihm ein Bild aus seiner Vergangenheit schickt, lässt ihn innehalten: seine Firma. Der letzte Tag, an dem die Gläubiger alles wegbrachten und kaum etwas übrig war von seinem Bemühen. Das wenige, was er mit seinem schwächer und schwächer werdenden Augenlicht erblickte, waren traurige Angestellte - die Reste seines Lebenswerks.

Er versteht, was Worte nicht ausdrücken können.

»Ja«, flüstert er in die Dunkelheit, »der Schmerz ist noch immer da.«

*

»*Noch nicht, es ist wichtig weiterzugehen*«, flüstert die Stimme erneut.

*

Eine Träne rinnt ihm aus dem Augenwinkel.

Und hier in diesem Moment will er aufgeben, die Gitarre fallen lassen und sich für immer abwenden von dieser seltsamen Verbindung, die ihm die Nähe zu seiner Familie zu verwehren scheint.

Er will schreien und am liebsten vergessen, was er die Jahre erlebt hat.

Doch dann atmet er tief ein und die Welle der Verzweiflung zieht durch ihn hindurch, ohne ihn mitzureißen.

Er holt nochmals Luft und lässt sie fließen. Die ruhige Atmung bringt ihn langsam zurück ins Gleichgewicht.

Während die letzten Nachwirkungen des plötzlichen Gefühlsausbruchs verebben, erinnert er sich daran, wie schwer es manchmal ist, darauf zu vertrauen, dass sich alles findet und es sich am Ende meistens lohnt. So kann er in letzter Konsequenz mittlerweile nicht mehr anders und er will es auch gar nicht mehr.

Er nimmt seine Gitarre fest in beide Hände, berührt mit zitternden Fingern die Saiten und sucht erneut nach seiner Melodie.

Dann folgt er dem Pfad, den sein Herz ihm weist.

*

Die Klänge seiner Musik scheinen einen Moment in der Luft zu schweben, als warteten sie auf etwas. Nach einer kurzen Verweilzeit suchen sie ihren Weg durch den Garten, um durch ein gekipptes Fenster nach innen ins Esszimmer des Hauses zu dringen.

Eine in die Jahre gekommene Frau blickt von ihren Stricksachen auf und lauscht.

Sie hört nicht mehr so gut, aber dafür hat sie gelernt, immer besser zu fühlen.

Als sie den Kopf zum Fenster wendet, erahnt sie mehr einen Schatten, als sie ihn sieht.

Lautlos formen ihre Lippen den Satz: »Bist du es?«
Doch es kommt keine Antwort.

Sie denkt zurück. An ihren Mann, den sie vor langer Zeit verloren hat. Es wurde nie geklärt, was passiert ist. Er war von einem Moment zum anderen verschwunden.

Im Geist hatte sie viele Jahre alle möglichen Unterhaltungen mit ihm geführt. Anfangs hatte sie sich um ihn gesorgt, anschließend hat sie sich betrogen gefühlt und schließlich hat sie begonnen ihn zu hassen, weil er verschwunden war und sie im Ungewissen blieb, was passiert war. Sie hatte alle Gefühlsregungen, die sie sich vorstellen konnte. Doch am Ende blieb nur ein Gefühl der Leere und sie erkannte, dass sie ihn einfach vermisste.

Trotz der Zeit, die vergangen war und den Schmerz, den sie durchleiden musste, würde sie ihn liebend gerne wieder an seiner Seite haben.
Auch wenn sie es sich nicht recht erklären konnte, hatte sie in letzter Zeit immer wieder das Gefühl, dass er auf den Weg zu ihr war.

Wie gerade jetzt.

Doch wie immer, kam er nicht.

28.

Angelica sitzt auf der Mauer und blickt auf Wien. Sie betrachtet die in der Ferne erleuchteten Fenster und Straßen, während der Rest der Stadt in Dunkelheit gehüllt ist.

Ihre Füße baumeln im Nichts und ihre Finger fahren über die Fugen zwischen den Steinen.

Sie spürt das harte Material, das über Jahrhunderte alles zusammengehalten hat, und erinnert sich an das letzte Mal, als sie an diesem Ort saß. Hier wurde ihr bewusst, dass sie zu jung war, um sich in festgelegten Bahnen zu bewegen. Dass sie sich erst selbst finden wollte.

»Man sollte mit seinen Wünschen vorsichtig sein«, sagt der alte Mann und setzt sich behäbig zu ihr auf die Mauer.

Fassungslos schaut Angelica ihn an.
»Woher weißt du ... Wer bist du?«

Der Mann lächelt.
»Ich wurde auf einem rätselhaften Weg hierhergeführt«, sagt er, statt ihre Frage zu beantworten.

Er nimmt seine Gitarre, legt sie sich auf den Schoß und spielt einige Klänge. Sein Herz breitet sich aus und erzählt ihrem Herzen von der Vergangenheit.

Vor Angelicas innerem Auge entsteht ein Bild von Marlena. Es ist eindeutig keine Erinnerung an ihre gemeinsame Zeit. Sie sieht, wie Marlena im Sand sitzt und den alten, blinden Mann beobachtet. Angelica erkennt, wie er auf Marlena zugeht und sie auf die Stirn küsst. Sie fühlt, wie ihre beiden Herzen einander begegnen.

Dann verfließt das Bild, wie Wasserfarben und eine neue Szene taucht auf. Angelica sieht Bilder von ihrer ersten Begegnung mit Marlena und wie ihre Herzen eine tiefe Freundschaft schlossen.

Wieder verschwimmt das Bild und auf einmal zeigt es, wie der alte Mann langsam, aber stetig immer tiefer ins Meer schreitet, um seinem Leben ein Ende zu setzen. Sie fühlt, die Entschlossenheit des Mannes und wie er ins Wanken gerät, als plötzlich eine Stimme von einer

Schönheit, die sie sich nie hätte erträumen lassen, erklingt. Sie hört das, was der alte Mann in diesem Augenblick vernommen hatte, kurz bevor er sich auf den Weg nach Wien machte: die Stimme des Universums.

Angelica weint, als sie erkennt, dass dies der Mann ist, den sie finden wollte. Der alte, blinde Mann, dem Marlena begegnet ist. Der Grund, weshalb sie nach Lissabon wollte. Sie denkt zurück an Amsterdam und erinnert sich an die Sätze aus dem Buch:

Wenn wir bei der Erfüllung unserer Wünsche feststecken, ist es manchmal an der Zeit, eine neue Richtung einzuschlagen oder zum Ursprung unserer Reise zurückzukehren.

Denn willst du dort weitersuchen, wo es nichts mehr zu finden gibt?

In diesem Moment wird ihr klar, dass es nicht immer eine richtige und falsche Entscheidung gibt. Sie wollte nach Lissabon, um den alten Mann zu treffen. Es erschien ihr richtig, aber auch die Entscheidung nach Wien zurückzukommen war die Richtige.

Sie erkennt, dass alles, was ihr im Weg stand und sie verzweifeln ließ, sie hierher geführt hat, wo sie sich nun begegnen konnten.

Tränen laufen ihr übers Gesicht.
Sie versucht zu begreifen und kann es doch nicht.
Sie glaubt zu wissen und hat keine Ahnung.

Und so weint sie still vor sich hin.

Marius spielt weiterhin beständig ein Lied für sie und nickt dabei dem Universum zufrieden zu. Er hat mittlerweile verstanden, dass es nichts mehr zu verstehen gibt. Dass das Universum uns in seiner Weisheit um ein Vielfaches überlegen ist. Dass es unzählige Fäden, Handlungsstränge, Wünsche, Ideen, Vorstellungen und Notwendigkeiten auf dieser Welt gibt, die ein wundersames Geflecht bilden. Es ist ihm bewusst geworden, dass wir zu klein sind, um dieses Geflecht zu überblicken.

Das Lied, das er spielt, sagt all dies und noch viel mehr. Denn obwohl es ein Lied des Loslassens ist, ist es auch eines der liebevollen Hoffnung. Denn jedes Mal, wenn er in das Universum eintaucht, wird ihm immer klarer, das uns die Liebe des Universums durchs Leben trägt, auch wenn wir nicht alles verstehen.

Marius hat Geduld.

Er erinnert sich, wie lange er für diese Erkenntnis gebraucht hat.

Das alles muss diese Achtzehnjährige offenbar recht schnell begreifen, sonst wäre ich nicht hier.

Doch es liegt nicht an ihm, zu werten. Seine Aufgabe ist nur, ihr den nächsten Schritt aufzuzeigen.

Irgendwann hört Angelica zu weinen auf. Sie sieht den alten Mann sprachlos an.

Er ist es.

Er sitzt neben ihr und ist den ganzen, weiten Weg aus Portugal gekommen, um sie zu treffen.
Was soll sie nur tun?
Was wollte sie von ihm?

Sie scheint nichts mehr zu wissen.

Der alte Mann schließt die Augenlieder und streckt den Kopf zum Himmel, als spürte er die Wärme, obwohl es Nacht war.
Angelica fragt sich, was er dort wahrnimmt. Es wirkt, als wäre er mit etwas verbunden, das jenseits ihrer Vorstellungskraft liegt.

»Schritt für Schritt«, murmelt er.

Unbewusst nickt Angelica. Der Satz löst bei ihr Erleichterung aus und sie bekommt wieder freier Luft.

Vielleicht muss ich nicht alles auf der Stelle verinnerlichen, nicht sofort auf alles eine Antwort finden. Vielleicht habe ich etwas Zeit.

»Was jetzt?«, will Angelica zögerlich wissen.

Marius hört auf zu spielen und legt den Kopf schief.

Er scheint etwas zu lauschen, das nur er vernimmt. Dann erwidert er: »Höre auf dein Herz.«

»Mein Herz?«

»Ja dein Herz, hast du es noch nie gehört?«

Angelica denkt nach und es fallen ihr die vielen Momente ein, in denen sie das Gefühl hatte, eine leise innere Stimme wahrzunehmen.

»Ich glaube, in den letzten Wochen hat es oft versucht meine Aufmerksamkeit zu bekommen und mich zu unterstützen.«

»Das klingt gut«

»Ja, aber es sind nur ab und zu kurze ... Momente, in denen ich es zufällig wahrnehme. Wie soll ich bewusst auf mein Herz hören?«

»Du musst deinem Herzen nur die Hand entgegenstrecken und wirst so sehen, dass die Tür immer geöffnet ist. Dass es mit Liebe darauf wartet, dich zu empfangen.«

Noch so ein mystischer Satz. Angelica ist sich nicht sicher, was sie damit anfangen soll.

Doch im selben Moment meldet sich eine sanfte und trotzdem bestimmte Stimme in ihrem Inneren:
 »Wehre dich nicht, tu es einfach – oftmals ist das Einzige, was einem übrig bleibt, es zu probieren.«

Wie von alleine schließen sich ihre Augen, und Marius beginnt wieder zu spielen. Die Klänge fließen durch Angelica, während sie in sich hineinhorcht. Sie legt eine Hand auf ihr Herz und fällt in die Stille hinein, die entsteht, wenn man die Gedanken durch sich hindurchziehen lässt, ohne an ihnen festzuhalten.

Zuerst nimmt sie nur ein warmes, liebevolles Gefühl wahr, das sie erfüllt. Aber dann spürt sie, wie sich ihr erfreutes Herz komplett öffnet und sie eine große Welle der Liebe überschwemmt.

Für Angelica scheint Zeit keine Relevanz mehr zu haben. Sie ist in solch einer zärtlichen und innigen Berührung mit ihrem Herzen, dass ihr erneut die Tränen kommen.

»Die Liebe, sie ist immer da«, flüstert sie ehrfürchtig, während sie der wundervollen Musik des alten Mannes neben ihr lauscht. So eine tiefe Verbindung mit ihrem Herzen hat sie noch nie gespürt und sie weiß, dass sie diesen warmen und liebevollen Kontakt zu sich nicht wieder verlieren will.

*

Ihr Herz ist überglücklich! Zum ersten Mal muss es keine Einzige, der von Angelica sorgsam aufgebauten Barrieren durchbrechen, um mit ihr zu reden. Stattdessen ist sie selbst auf ihr Herz zugegangen und hat sich darauf eingelassen, berührt zu werden, um sich für eine Kommunikation zu öffnen.

*

In diesem Augenblick bemerkt das Universum, dass nur noch ein schmaler goldener Krater im oberen Teil des Stundenglases zu sehen ist. Es inspiziert das Glas skeptisch von der Seite, nimmt es in die Hand und schüttelt es leicht, als wäre es sich nicht ganz sicher, warum das Objekt vor ihm noch hier ist. Doch die letzten goldenen Körnchen verweilen hartnäckig im oberen Teil der Form. Dann streicht sich das Universum mit dem Finger übers Kinn.

»Soso ...«

Noch ist offenbar nicht alles geschehen, was geschehen musste. Angelica ist den nächsten Schritt noch nicht gegangen. Sie hat die Tür zwar angesehen und geöffnet, aber sie ist noch nicht hindurchgeschritten.

*

Das Herz lässt Angelica behutsam los und die Welle der Liebe ebbt allmählich ab. Doch Angelica will diese Umarmung nicht beenden.

Nicht jetzt, da sie endlich diesen Kontakt hergestellt und ihrem Herzen begegnet ist. Nicht jetzt wo sie etwas von dieser unfassbaren Liebe in ihr Leben gelassen hat.
    Sie will für immer in dieser Umarmung verweilen.

Das Herz flüstert Angelica sanft zu: »*Beginne noch mehr zu vertrauen. Wir werden in Verbindung bleiben. Habe keine Angst.*«

Zögerlich nickt Angelica.
    Das mit dem Vertrauen muss sie wohl üben, als wäre es eine Fähigkeit, die sie erst erlernen muss, so wie sie als Kind laufen und sprechen lernen musste. Schließlich löst sie sich aus der Wärme der Umarmung und ihr wird

bewusst, dass sie jederzeit mit ihrem Herzen in Kontakt treten kann.

Sie bemerkt, dass ihr Herz auf ihrer Reise stets für sie da war, auch wenn sie sich dessen nicht ständig bewusst war. Am Anfang waren es oft nur Gefühle und Ahnungen, die ihr halfen ihren Weg zu gehen. Jetzt begreift sie, dass es möglich ist, bewusst mit ihrem Herzen in Verbindung zu treten, indem sie sich von belastenden Gedanken freimacht und innerlich dem Ort zuwendet, an dem ihr Herz zu finden ist.

Es ist immer da und bereit, mit ihr zu sprechen. Sie nimmt sich vor, in Zukunft genau hinzuhören und ihren Verstand nicht jede noch so feine Antwort durch lautes und logisches Gepolter übertönen zu lassen.

»Und jetzt?«, fragt sie zögerlich.
   »Jetzt musst du handeln, wenn du den nächsten Schritt gehen willst«, entgegnet die innere Stimme ihres Herzens freundlich.

Zuerst ist Angelica verwirrt, sie weiß nicht so recht, was es damit meint. Doch dann lässt sie die Antwort so stehen, und hält die verschiedensten Einmischungen ihres Kopfes fern, indem sie jeden Gedanken an ihr vorbeiziehen lässt, statt ihn festzuhalten. Mit der Zeit beginnt sich eine Ahnung in ihr auszubreiten.

Es ist zwar wichtig, eine innere Entwicklung durchzumachen. Denn es ist großartig, sein Herz zu spüren und ihm die Hand entgegenzustrecken. Dennoch genauso notwendig ist es, die innere Veränderung nach außen zu tragen.

Der alte, blinde Mann hört zu spielen auf und grinst sie an.

»Schön, oder?«, flüstert er.

Angelica nickt stumm und wischt sich die Tränen aus den Augen. »Ich glaube, ich weiß, was ich jetzt tun muss.«

»Gut«, antwortet der Mann, legt die Gitarre neben sich auf die Steine, richtet sich auf und sieht starr nach vorne.

»Danke«, sagt Angelica.

Doch er hört sie nicht.

Er blickt weiterhin stur geradeaus und hängt seinen eigenen Gedanken hinterher. Angelica entfernt sich zwei Schritte von der Mauer. Dann hält sie plötzlich inne und dreht sich noch mal um.

»Sehe ich dich wieder?«, fragt sie peinlich berührt über ihre Angst, diesen Menschen zu verlieren, den sie erst einige Minuten kennt.

Er scheint weiterhin ins Nichts zu starren. Schließlich hebt er bedächtig eine Hand und zeigt mit dem Finger in den Himmel. Angelica folgt seinem Hinweis und erblickt einen Stern, der ihr zuzwinkert.

Sie nickt sich langsam selbst zu.

Ja, das Universum wird schon dafür sorgen, wenn wir uns wiedertreffen sollen.

Sie erinnert sich an ihren ersten bewussten Wunsch ans Universum, die Begegnung mit der Möwe und die überraschende Wendung im Telefonat mit ihren Eltern. Sie weiß noch ganz genau, dass sie Schwierigkeiten hatte daran zu glauben, dass das Universum Wünsche erfüllt.

Und nun habe ich wohl endgültig einen Beweis, denn es hat mir den alten Mann aus Lissabon geschickt. Wie sonst sollte das zu erklären sein?

»Danke! Ach ja, und nur, dass du Bescheid weißt, ich würde ihn gerne wiedersehen, liebes Universum«, murmelt sie.

Sie dreht sich langsam um und macht sich auf den Nachhauseweg.

Was für eine ungewöhnliche Nacht.

Doch jetzt ist es an der Zeit, das Innen mit dem Außen in Einklang zu bringen und ihren Eltern gegenüberzutreten. Schon bald wird sie am Frühstückstisch mit ihnen zusammensitzen.

Der Gedanke, sie absichtlich zu enttäuschen, ist ihr unangenehm, doch mittlerweile glaubt sie fest an eine gute Lösung.

Immerhin sind in letzter Zeit genug Wunder geschehen, oder?

29.

Als Angelica zu Hause ankommt, ist es still. Sie schleicht die Treppen hinauf in ihr Zimmer und setzt sich auf ihr Bett.

Es dauert nicht mehr lange, bis sie ihren Eltern erklären wird, dass ihre Zukunft nach all dem, was sie erlebt hat, anders aussehen wird als das, was sie von ihr erwarten, auch wenn ihre Ideen auf den besten Wünschen für sie basieren. Doch etwas Zeit zum Ausruhen bleibt vor dem großen Gespräch. Sie legt sich ins Bett und fällt bald in einen ruhelosen Schlaf.

Das Piepsen ihres Handys, das sie achtlos auf den Tisch gelegt hat, weckt sie. Verschlafen reibt sie sich die Augen und greift danach.

»*Heute, 14:00 Uhr, Nachprüfung. Versprochen ist versprochen, Theo.*«

Angelica grinst in sich hinein. Der gute Theo und seine Nachprüfung. Es kommt ihr vor, als wäre es eine Ewigkeit her, dass sie darüber gesprochen haben. Aber sie ist in der Stadt und kann Theo zur Prüfung begleiten.

»*Aber natürlich. :) Ich werde da sein*«, schreibt sie flink zurück.

Ihr Blick fällt auf den Rucksack, der noch immer einsam in der Ecke steht. Einem Impuls folgend geht sie hinüber und öffnet ihn. Sie entnimmt ihm das Buch des Universums und schlägt eine neue Seite auf.

Wenn man das Glück im eigenen Leben öfter zu Gast haben möchte, tut man gut daran, sich selbst nicht im Weg zu stehen.

Man sollte dem eigenen Lebensweg immer Raum zur Entfaltung geben. Dazu braucht es vor allem den Mut, außergewöhnlich zu handeln.

Ja, außergewöhnlich handeln...
Grübelnd lässt Angelica den Daumen über die Seiten des Buchs gleiten und blättert es so rasch durch.
Moment mal, irgendwas steckt dazwischen fest.

Neugierig schlägt sie die Seite auf und entdeckt eine Visitenkarte.
Elliot, der Geschäftsmann im Anzug.

... *braucht es manchmal den Mut, außergewöhnlich zu handeln.*
Der Satz bewegt sich in ihrem Kopf im Kreis. Und sie erinnert sich an sein Angebot:

»*Ruf mich an. Ich bin dir dankbar und vielleicht kann ich dir ja auch mal helfen – schließlich musst du nach deinem Abschluss wahrscheinlich auch mal arbeiten gehen.*«, waren seine Worte.

Nun ja, vielleicht ist das der nächste Schritt, der notwendig ist. Sollte es so einfach sein?

*

Das Universum betrachtet Angelica schmunzelnd.
Warum denn eigentlich nicht?

*

Sie spürt, wie ihr Kopf wieder aufbegehren will, aber statt sich darauf einzulassen, lässt sie ihre Gedanken bewusst durch sie hindurchfließen und wendet ihre Aufmerksamkeit ihrem Herzen zu.

Sie vernimmt ein leises »Tu es« und dann zögert sie nicht länger, nimmt ihr Handy und wählt die Nummer auf der Visitenkarte.

»Ja?«, antwortet nach dem dritten Läuten eine muntere Stimme.

»Ich ...« In dem Moment hat Angelica Probleme, zu formulieren, was sie sagen will. Es war nicht mehr als ein flüchtiger Gedanke.

»Ja, wer ist da?«, fragt der Mann misstrauisch.

»Ich ... Angelica. Das Schokocroissant am Amsterdamer Flughafen?«, sprudelt es aus ihr heraus und sie wird rot. Eine großartige Einleitung des Gesprächs.

Doch sie hört ein erfreutes Lachen am anderen Ende des Hörers.

»Ja, ich erinnere mich! Die junge Frau, die mir geholfen hat, über mein Leben zu reflektieren. Ich hatte noch nicht die Gelegenheit, mich ausführlich zu bedanken. Nach unserem Gespräch habe ich beschlossen, kürzerzutreten, und bin erst mal in den Urlaub geflogen.«

Angelica ist verblüfft. Sie hatte nicht gedacht, dass ihre kurze Unterhaltung am Flughafen eine derartige Auswirkung auf diesen Mann haben würde.

»Das klingt schön.«

»Das ist es auch. Aber du hast nicht angerufen, um herauszufinden, wie die Pina Coladas hier schmecken, oder?«

»Nein, deswegen melde ich mich nicht.«

»Gut, sie sind ausgezeichnet, wie ich dir hiermit trotzdem offiziell mitteile.«

Beide lachen, dann entsteht eine kurze Pause.

Angelica hat keine Ahnung, wie sie weitermachen soll und erinnert sich an ihr Herz. Sie schließt die Augen, legt ihre Hand auf die Brust und lauscht.
»Mir ist klar geworden, ich möchte *meinem* Weg folgen, und der soll vorerst in viele verschiedene Länder führen. Dafür brauche ich allerdings zuerst mal einen Job. Etwas, womit ich genug Geld verdiene, um mir meine Reisen zu finanzieren. Ich hatte gehofft, vielleicht hast du eine Idee?«

Die Frage kommt ihr nur stockend über die Lippen, aber der Geschäftsmann lacht.
»Das kam früher als ich geglaubt habe. Ich nehme an, dass du dein Studium nicht in wenigen Tagen absolviert hast, oder?«
»Ähm ... nein«
»Dachte ich mir.«

Wieder Stille, und Angelica befürchtet, dass ihre Idee doch nicht so gut war, während ihr Kopf eine Chance wittert und sich bereit macht loszulegen. Doch da hört Angelica wieder die Stimme des Geschäftsmanns.
»Dann machen wir das so: Ich stelle dich für drei Monate als Praktikantin ein. Ich könnte ein bisschen Unterstützung gut gebrauchen. Ob das funktioniert,

werden wir sehen – schließlich hab ich dich erst einmal getroffen. Aber du hast dafür gesorgt, dass es mir besser geht – Moment.«

»Eu gostaria de pedir Caipirinha, por favor«, hört sie ihn rufen, bevor er sich wieder zurückmeldet

»Also, wo waren wir? Ach ja, über das Gehalt mach dir keine Sorgen. Es sollte genug sein, um dir die eine oder andere Rucksackreise zu finanzieren. Und? Was meinst du zu der Idee?«

Angelica ist sprachlos und auch ihr Kopf hat nicht mit dieser Antwort gerechnet.

*

Sag ja!, ruft ihr das Herz grinsend zu.

*

»Ja, auf jeden Fall!«, antwortet Angelica überhastet und wundert sich selbst, dass sie nicht einmal zu wissen braucht, was ihre Aufgaben sein werden.

Das Abenteuer und ihr Herz scheinen sie zu rufen und das genügt ihr vorerst. Vor allem, wenn sie so etwas in der Hand hat, um ihre Eltern zu überzeugen, dass sie vorerst einen anderen Weg gehen will, als sie es für sie vorgesehen haben. Gleichzeitig fällt ihr auf, dass es zwar grandios ist, wenn ihre Familie ihre Pläne gutheißt und dennoch es ist ihr Leben. Sie wird es leben, ob mit der Zustimmung ihrer Eltern oder ohne.

»Gut, ich schicke dir eine schriftliche Zusage, damit du was in der Hand hast. Wir sollten uns dann mal persönlich unterhalten.«
»Natürlich, wo bist du denn?«
»In Lissabon.«

Angelica muss lachen. Sie will es unterdrücken, doch ist machtlos. Sie lacht und lacht. Schließlich fragt die Stimme auf der anderen Seite der Leitung:
»Alles in Ordnung bei dir?«
»Ja! Es ist nur ... ach, das ist eine lange Geschichte.«
»Erzähl sie mir, wenn du hier bist. Wann kannst du anfangen?«
»Wann immer du willst!«, antwortet Angelica bestimmt.
»Ah, da kommt er ja mein Caipirinha. Die Dinger sind hier echt hervorragend! Lass uns die Details später klären, okay?«

Angelica legt nach kurzer Verabschiedung und Durchsage ihrer E-Mail Adresse verblüfft auf und lässt sich auf ihr Bett fallen. Sie hat gerade ein Praktikumsangebot bekommen und angenommen.

Einen Job, der nur entstanden ist, weil sie den Mut hatte, einen Unbekannten danach zu fragen.

Die Wege des Universums sind wirklich seltsam.

30.

Marius fühlt die Sonne auf seiner Haut und sein Herz badet in der Wärme.

*

Dann hört er die Stimme: »*Es ist soweit.*«

*

Der alte Mann zögert. Er fragt sich, ob es nicht einfacher wäre, direkt wieder zum Meer zurückzukehren. Doch dann nimmt er seine Gitarre und geht den gleichen Weg, auf dem er vor ein paar Stunden hierhergekommen ist. Er kennt die Strecke von der Mauer zu seinem alten Haus gut.

Als er ankommt, öffnet er die Gartentür, die er vor Jahrzehnten repariert hat, nur um sie kurz darauf vermeintlich für immer hinter sich zu schließen. Vor der Haustür stellt er die Gitarre neben sich und zupft an seiner Kleidung. Er fragt sich nervös, wie er wohl aussehen mag. Doch am Ende des Tages wird es wohl keine Rolle spielen.

Nun sollte nur noch eine Person zu Hause sein. Meine Frau.

Er ist nervös, weil er keine Ahnung hat, wie sie reagieren wird. Schließlich hat er sich vor Jahren einfach auf und davon gemacht.

Wird sie mich überhaupt hereinlassen?

*

Er hört eine kleine, zarte Stimme in seinem Kopf sagen: »*Zögere nicht länger. Es ist an der Zeit.*«

*

Seine Finger scheinen sich ohne sein Zutun zu bewegen, obwohl er sie am liebsten zurückhalten möchte. Doch schon drücken sie den Klingelknopf und er hört ein leises, allzu vertrautes »Ding Dong«.

31.

Angelica geht nach unten, mit dem Vertrag in der einen und dem Buch des Universums in der anderen Hand.

Das sind ihre Argumente, um sich dem Gespräch mit ihren Eltern zu stellen. Sie ist nervös, schließlich hat sie bisher geglaubt, dass sie studieren wird. Doch jetzt hat sich der Wunsch nach einem Studium in Luft aufgelöst. Stattdessen hat sie eine schriftliche Zusage als Assistenz eines Geschäftsmannes, die ihr vor ein paar Minuten per E-Mail zugeschickt wurde.

Eine Spur Zweifel überkommt sie.

Ist es wirklich die richtige Entscheidung? Sollte ich mich in diese Ungewissheit begeben?

Was kommt auf mich zu und welche Erwartungen werden dann an mich gestellt?

Kurz hält sie inne und spielt mit dem Gedanken, wieder umzudrehen. Doch ihr Herz und das Universum unterstützen sie Schritt für Schritt voranzugehen.

*

Das Universum drückt Angelica die Daumen. Der letzte Schritt, den sie noch machen muss, liegt direkt vor ihr. Nur so kann sie auch im Außen den Weg gehen, der ihr entspricht.

Es gilt für Angelica nicht nur, herauszufinden, dass es einen Weg gibt, sondern vor allem die notwendigen Schritte dafür in die Tat umzusetzen.

*

»Erzähl, wie war's?«, fragt sie ihr Vater, als sie das Zimmer betritt.

Angelica setzt sich zu ihren Eltern an den Esstisch, holt tief Luft und beginnt von ihrer Reise zu berichten: Von Marlena, von Tante Isabella und der Ranch, vom Leuchtturm, dem Leuchtturmwärter und seinem Enkel und dann auch von dem alten, blinden Mann. Abschließend erzählt sie von dem Geschäftsmann, den sie in Amsterdam getroffen hat.

Als sie alles gesagt hat, reicht sie ihrem Vater die schriftliche Zusage für ihr Praktikum.

»Er hat mir ein Angebot gemacht und mir das hier geschickt.«

Verblüfft sehen ihre Eltern auf das Dokument.

»Angelica, wir waren uns einig, dass du studierst, mein Schatz!«, sagt ihre Mutter unbehaglich.

Ja, das wollte sie einmal. Wenn da nicht das Leben dazwischengekommen wäre und ihr gezeigt hätte, was ihr wichtig ist.

Ihr Vater unterbricht sie in ihren Gedanken.

»Keine Ahnung, wie du das geschafft hast, aber das ist ein respektables Gehalt dafür, dass du nur ein Praktikum absolvierst.«, sagt er verblüfft als er von dem Ausdruck des Mails aufsieht.

»Carlos, nicht jetzt, ich brauche deine Unterstützung.« Renate funkelt ihn wenig begeistert über seinen Zwischenruf an.

Angelica atmet behutsam ein und aus und legt eine Hand aufs Herz, um zu lauschen.

»Ich liebe euch. Trotzdem habe ich meine Meinung geändert. So gerne ich euren Wünschen entsprechen würde, vorerst wird es damit nichts. Vielleicht später, vielleicht auch nie. Es ist nicht meine Absicht, euch zu verletzen, aber ich muss das Richtige für mich tun.«

»Und was soll das sein, Angelica? Dieses Praktikum?«, hakt ihre Mutter wenig beeindruckt nach.

»Um ehrlich zu sein, ich weiß es nicht. Nur weil ich mein Ziel nicht kenne, heißt es nicht, dass ich nicht weiß, welche Richtung sich gut anfühlt. Ich werde meinen Weg einfach Schritt für Schritt gehen und dabei lernen, was für mich notwendig ist. Vielleicht kommt dann ja ein Studium, vielleicht auch nicht. Aber derzeit habe ich auf jeden Fall etwas anderes vor.«

Ihre Mutter scheint kurz vorm Explodieren zu sein.
»Angelica, bitte!«

*

»Das Buch, es ist an der Zeit«, flüstert ihr das Herz zu.

*

»Außerdem gibt es weitere gute Gründe.« Sie nimmt das Buch des Universums und legt es auf den Tisch.

Schweigen liegt plötzlich in der Luft.

Renates Lippen werden zu einem schmalen Strich, als sie das alte Buch ansieht.

»Wie weit bist du?«, fragt sie mit einer gewissen Schärfe in der Stimme.

Das überrascht Angelica.

»Keine Ahnung. Noch nicht so weit«, erwidert sie schulterzuckend.

»Ich hätte es wissen müssen«, murmelt Renate.

»Ist es denn wichtig, wie weit ich gekommen bin?«

Der Blick ihrer Mutter gleitet von dem Buch zu Angelica.

»Ja.« platzt es aus Renate plötzlich laut heraus, sodass Angelica zurückzuckt.

Renate fängt sich rasch wieder. »Es ist ein Erbstück, eine Art Wegweiser für ein besonderes Leben und die, die das Ende erreichen ...«

»Ja?«, fragt Angelica.

»Es gibt gewisse Dinge in unserer Familie, von denen du Nichts weißt«, entgegnet sie zögernd.

»Und die wären?«, hakt Angelica ungeduldig nach.

Ihr Vater und Angelica schauen Renate verblüfft an. Diese Art von Geheimniskrämerei klingt so gar nicht nach ihr. Sie sehen sich gegenseitig in die Augen und fragen dann gleichzeitig:

»Was?«

Doch sie schüttelt nur den Kopf. Sie steht auf, greift nach dem Buch und hält es sorgsam in den Händen.

»Ich muss nachdenken«, sagt sie zögerlich. »Wir reden später darüber.«

Damit dreht sie sich um und geht aus dem Zimmer. Angelica und ihr Vater wechseln einen hilflosen Blick.

32.

So steht Marius seit langer Zeit seiner Frau wieder gegenüber.

*

Vor allem jedoch begegnen sich zwei Herzen und diese kennen keine Zeit und keinen Raum. Sie umarmen sich. Und ohne zu zögern fallen sie sich in die Arme und freuen sich darüber, sich wiedergefunden zu haben.

*

Marius ringt nach Worten. »Ich ... Es tut mir leid.«

Seine Frau steht noch immer wie erstarrt vor ihm. Kurz macht sich ein Lächeln auf ihrem Gesicht bemerkbar, doch dann verschwindet es wieder und alte verborgene

Wut kommt zum Vorschein, entstanden in einer Zeit voll Warten:

»Du weißt ganz genau, dass nichts, was du sagst, dein Verhalten ungeschehen machen kann."

Marius schweigt.

Schließlich nickt er.
Er ist sich bewusst, dass es noch viel Zeit und Hingabe brauchen wird, bis das Vertrauen wieder aufgebaut ist.

Er bittet das Universum, um Hilfe, denn er möchte nichts sehnlicher als nach Hause kommen.
Seine Frau dreht sich um und schließt die Tür mit einem lauten Knall.

Marius zuckt zusammen.

*

Die Stimme meldet sich in ihm:
»*Es braucht nur Zeit*«

*

»Zeit, Zeit immer braucht es Zeit«, murmelt er missmutig, aber dann stiehlt sich ein Lächeln auf seine Lippen.

Gut, dass er das Warten gelernt hat. Er wird nicht aufgeben. Nicht jetzt, wo er soweit gekommen ist und die Möglichkeit hat seine Frau ein zweites Mal für sich zu erobern.

Es wird nicht einfach sein, doch er kann mit Herausforderungen gut umgehen.

Er nimmt seine Gitarre und sucht nach einer Melodie in den Tiefen des Kosmos. Doch dort, wo sie bisher immer war, ist sie nicht mehr aufzufinden.

Schließlich richtet er sein Herz auf seine Frau aus. So findet er plötzlich Klänge, die sowohl von der Liebe zu seiner Frau als auch von der Liebe zum Universum erzählen.
Erneut lässt er seine Finger über die Saiten der Gitarre fließen, wie er es schon oft getan hat und macht sich auf den Weg auf der Suche nach einem Schlafplatz.

Er würde nicht wieder weggehen.
Nein, ganz sicher kein zweites Mal! Er wird um seine Frau kämpfen, bis er sie wieder für sich gewonnen hat.

*

Die alte Frau, blickt hinter dem Vorhang eines Fensters nach draußen, wo sie Marius zur Gartenhütte gehen sieht.

»Er ist es wirklich ...«

Lange starrt sie ihn an.

Tränen rinnen ihr in breiten Strömen die Wangen hinunter und ihr Herz hüpft vor Freude.

Doch alles zu seiner Zeit.

33.

Nach Renates seltsamen Abgang haben sich Angelica und ihr Vater noch eine Zeit über ihre Reise unterhalten. Aus dem seltsamen Verhalten von Renate wurden beide nicht recht schlau, aber das war etwas, das sie später mit ihr klären mussten. Sie wussten, dass man aus Renate nichts herausbekam, wenn sie nicht bereit war, sich von selbst auf das Gespräch einzulassen. Schließlich war es an der Zeit, dass sich Angelica auf den Weg zu Theo machte.

Als sie in seiner Straße auf das Haus zuspaziert, steht er bereits davor. Wie immer trägt er eine Lederjacke, T-Shirt und Jeans, nur diesmal sind sie nicht ganz so zerfetzt. Angelica fühlt sich zurückversetzt zur Abschlussfeier, als alle anderen in Anzügen aufmarschiert sind, nur Theo war gekleidet wie an jedem anderen Tag.

Warum sollte er heute etwas anderes anziehen? Theo bleibt Theo.

Er grinst breit, als er sie sieht. »Du bist wieder daaa!«

Angelica lacht und beide laufen los, um sich in die Arme zu fallen.

Was für eine Begrüßung.

»Wie war der Sternenhimmel?«, fragt Theo sofort.
Angelica antwortet: »So unglaublich bezaubernd!«

Dann gehen sie gemeinsam los. Angelica ist froh, denn sie hat ihr Versprechen gehalten. Sie begleitet Theo zu seiner Nachprüfung und kann ihm den sizilianischen Sternenhimmel in den schillerndsten Farben beschreiben: all die wunderbaren funkelnden Sterne, all die verschiedenen Himmelsformationen und Sternschnuppen, die sie dort gesehen hat.
Theo hört ihr aufmerksam zu.
»Gut, dass du wieder da bist.« Er blickt sie zufrieden an.

Viel zu schnell kommen sie bei der Schule an und Angelica verabschiedet sich von ihm.
»Viel Glück, du schaffst das!«, ruft sie ihm hinterher.
Theo entgegnet: »Na klar, was sonst?!«

Dann macht sie sich auf zu ihrem Ort der Stille, an den sie sich immer wieder gerne zurückkehrt - die Mauer am Kahlenberg.

34.

Tante Isabell beobachtet das Geschehen auf ihrer Farm von der Terrasse aus und lauscht dem leisen Knarren ihres Schaukelstuhls.

Drrrinnnng

Sie seufzt. Eigentlich hatte sie gehofft, dass dieser Tag nie kommen würde.

Drriinnnggg

Das zweite Läuten wirkt noch dringlicher als das Erste und dabei hatte sie es bereits den ganzen Vormittag gefühlt. Sie steht auf und schnappt sich den altmodischen Hörer, eines an der Wand befestigten Telefons. Manchmal glaubt sie einer der letzten Menschen auf dieser Welt zu sein, die kein Handy besaßen. Aber das störte sie nicht. Sie tat vieles nicht, was andere Menschen taten und andersherum.

»Ciao?«

»Ich bin's, Isa.«

»Renate?«

»Ja«

Beide schweigen.

»Es ist soweit«, sagt Renate,

»Sie hat das Buch und sie kommt schneller voran als gedacht«, fügt sie hinzu.

»Ich habe es dir gleich gesagt: Sie wird nicht aufhören, bevor sie durch ist, Renate.«

»Sie ist mein Kind, Isa! Ich hätte ihr einfach ein normales, einfaches Leben gewünscht.«

Isabellas Stimme wird weich:

»Es liegt nicht in unserer Macht für sie zu entscheiden, und du weißt selbst, dass unsere Familie einen Hang zu sturen Frauen hat.«

Sie lacht.

Schweigen.

»Du weißt, was du zu tun hast, Renate.«

»Ja, aber es gefällt mir nicht, Isa.«

»Das tut jetzt leider wenig zur Sache. Kümmere dich darum!«

Renate legt auf und ihre Hand streicht zärtlich über den Einband des Buches mit den goldenen Buchstaben.

»Hätte ich dich bloß entsorgt und das am besten vor langer, langer Zeit«, murmelt sie.

Aber ich hatte nicht die Kraft dazu.

Sie fragt sich, ob sie es jetzt nachholen sollte.

Am besten verbrennen.

Doch dann erinnert sie sich, wie es in ihren Besitz gekommen ist und schüttelt den Kopf.

Ich hoffe nur, sie übernimmt sich nicht.

In diesem Moment trifft ein außergewöhnlich zarter Lichtstrahl von draußen auf das Buch und lässt es in allen Farben des Regenbogens leuchten.

»Spiel keine Spiele mit mir, hörst Du? Ich bin die Mutter meiner Tochter, und wenn es ihr nicht gut geht, kriegst du es mit mir zu tun! Der Kamin freut sich immer über Nachschub.«

Das Funkeln verschwindet und das Buch sieht wieder aus wie ein ganz normales Buch.

»

Dacht ich's mir doch«, raunt Renate zufrieden.

35.

Sie sieht über Wien und schaut in die Vergangenheit.

Sie spürt ihre alten Ängste und Sorgen und gleichzeitig ihre neuen Hoffnungen und Wünsche für die Zukunft.

Eine Sache beschäftigt sie seit dem eigentümlichen Verhalten ihrer Mutter:
Was hat es mit dem Buch des Universums auf sich?

Dann wirbeln Hunderte von Fragen durch ihren Kopf, doch im Vergleich zu vorher machen ihr diese Art von Gedanken keine Angst mehr. Im Gegenteil, es sind Fragen, deren Antworten darauf warten, voller Freude erforscht zu werden.

Sie erinnert sich an Marlena, die ihre Liebe in die Welt hinausgeschickt hat.

Angelica nimmt die Hände zum Mund, küsst sie und streckt sie über die Stadt aus.

Dann ruft sie aus vollem Herzen:
»Ich liiiiieeeeebe dich!«

Einige Touristen drehen sich verdutzt um. Ein Mädchen, das ihre Liebe in die Welt schreit, ist wohl ein seltsamer Anblick.

Angelica ist das egal.

Sie ist in Kontakt mit ihrem Herzen und das ist es was zählt.

*

Das Universum schielt auf das Stundenglas. Die letzten goldenen Körnchen rieseln durch die kleine Öffnung.

Die alte Sanduhr, die Angelicas Weg bis jetzt begleitet hat, verschwindet und das Universum hört ein sanftes *Pling*. Eine Sanduhr aus einem Regal, in einem langen Gang, an dessen Eingang ein goldenes Schild mit dem Namen Angelica hängt, verschwindet.

Diese Sanduhr wächst nun aus dem Inneren des größeren Stundenglases heraus. Von selbst dreht sie sich um und die ersten goldenen Körnchen beginnen nach unten zu rieseln.

Nachdenklich betrachtet das Universum Angelica und gratuliert ihr von Herzen zu ihrem Schritt.

Sie musste erst für sich und ihre Ideen einstehen, auch wenn ihr nicht immer klar ist, wohin sie diese bringen werden.

»Doch dann ist da noch dieses Buch.«

Es schmunzelt.

»Dieses Ding hat doch tatsächlich sein Eigenleben entwickelt. Wie es wohl damit weitergeht?«, grübelt es.

Aber das ist eine andere Geschichte und alles zu seiner Zeit, erinnert es sich selbst.

Es lächelt, schnippst mit den Fingern und plötzlich gehen die Lichter aus.

Nur ein einzelner Stern blinkt in der Dunkelheit und wartet auf seinen nächsten Auftritt.

Er zwinkert, und das Universum lacht aus vollem Herzen.

Das Ende

Liebe Leserin und Leser,

schön, dass Du hier bist. Denn was einen Autor ausmacht sind seine Leser.

Deswegen freue ich mich, wenn Du Dich zu meinen Wunderbriefen anmeldest.

So bekommst Du:
Updates, wenn ein neuer Band erscheint,
Infos zu meinem Leben als Autor und dem Schreibprozess.
Die Möglichkeit als TestleserIn an meinen Geschichten mitzuwirken

Du erreichst mich natürlich auch persönlich, sobald Du bei einem meiner Wunderbriefe auf antworten klickst.

Ich freu mich schon auf Dich!

Zu den Wunderbriefen anmelden kannst Du dich hier:
www.angelicas-wunderwelt.com

Hat dir Angelicas Reise gefallen?

Dann kannst Du dafür sorgen, dass es weitere Bücher von Angelicas Wunderwelt gibt!

Rezensionen helfen anderen Lesern sich darüber zu informieren, ob sie ein Buch kaufen sollen und sind außerdem schlichtweg großartig, wenn es darum geht auf mein Buch aufmerksam zu machen.

Falls Du dieses Buch also gut findest und mich unterstützen möchtest, freue ich mich über eine Rezension auf der Seite wo Du das Buch gekauft hast.

Deine Rezension kann wirklich Vieles bewirken.

Alles Liebe und bis zum nächsten Buch,
Wilfried

Danksagung

Wer glaubt, dass ein Buch ganz alleine aus Kraft des Autors entsteht, den kann ich getrost enttäuschen. Oft bin ich überrascht, zutiefst dankbar und berührt davon, wie viele Menschen sich entscheiden mir zu helfen und ich hoffe vom Herzen, dass das fertige Werk ihren Vorstellungen entspricht.

Mehr als Hoffen kann man manchmal nicht.

All diese wunderbaren Helferinnen sind Teil der Reise geworden und ohne sie wäre das Buch in seiner derzeitigen Form nicht denkbar, sondern voller Rechtschreibfehler oder schräger Satzkonstruktionen und dem einen oder anderen losen Ende.

Danke, dass ihr mich alle auf dieser Reise begleitet und vor allem:

Zuerst Nathalie, der Liebe meines Lebens, die sich in der Nacht um zwei meine seltsamen Ideen anhört und mich ermutigt, sie aufzuschreiben. Sie wacht bei jedem Überarbeitungsschritt darüber, dass alles ein (großes) Stück besser wird als ich es mir ursprünglich vorgestellt hatte – so manche Plotänderungen muss ich hart mit ihr verhandeln und verliere dabei auch öfter. Das ist mir nicht immer ganz recht, vor allem, weil sie fast ausnahmslos richtig damit liegt. Gemeinsam reisen wir glücklich um die Welt und ohne sie wäre es nur halb so wundervoll.

Der lieben Anja - dabei seit der ersten Minute. Unerbittlich kämpft sie um die Beseitigung jeder Unklarheit, die den Lesefluss stören könnte und deren Herz genau weiß wie wichtig es ist, die Aufmerksamkeit auf die wichtigen Kleinigkeiten zu legen, damit es schließlich großartig wird.

Der wackeren Edith, die sich bereit erklärt hat alles nochmal gegenzulesen und die kleinsten Kommas und Abweichungen der deutschen Rechtschreibung zu uns zurückgeschickt hat. Noch dazu hat sie als allererste 25 Bücher gekauft, um sie zu verschenken und mich damit endgültig von den Socken gehauen.

Der stets hilfsbereite Ilona, die uns jederzeit unterstützt und sich an unsere verschiebenden Zeitpläne anpasst, damit keine Spur von Fehlern in dem Manuskript zu finden ist. Ihre Großzügigkeit mit ihrer zeitlichen Verfügbarkeit, hilft uns das Buch doch noch zum vereinbarten Zeitpunkt herauszubringen.

Meine wunderbaren Testleserinnen in meiner Facebookgruppe, die mir geholfen haben die losen Ecken und Enden des Plots aufzuräumen. Wenn du auch mitmachen willst, meld dich zum Newsletter an und lass uns ins Gespräch kommen.

Jules, ich bin so gespannt, wie das mit dem Audiobook wird, das kannst du dir gar nicht vorstellen.

Unserer Lektorin Natalie, die uns geholfen hat vieles über Perspektiven zu verstehen und wie man mit denen umgeht.

Lydia, meiner Schwester, die mir durch ihre Ehrlichkeit hilft zu verstehen, wo ich mich gerade auf meiner Schriftstellerreise befinde.

Und dann natürlich noch Siegfried und Greta, die uns im Geiste auf unserer Reise begleiten und ohne die so vieles nicht möglich gewesen wäre.

Danke Euch allen!

Inhaltsverzeichnis

1.	5
2.	13
3.	21
4.	37
5.	41
6.	47
7.	85
8.	91
9.	97
10.	129
11.	147
12.	159
13.	165
14.	177
15.	183
16.	201
17.	211
18.	217
19.	221
20.	231
21.	239
22.	245
23.	253
24.	257
25.	259
26.	265
27.	269
28.	277
29.	291
30.	301
31.	305
32.	313
33.	319
34.	323
35.	327

©
Copyright
2020

WondersAndChange OÜ, Tallinn

Umschlaggestaltung: Germancreative
Illustration: Phoebe Jandl
Lektorat, Korrektorat: Natalie Röllig, Edith Kornher-Spittler & Ilona Szoboszlai
Weitere Mitwirkende: Nathalie Spittler und Anja Möschler
Verlag: WondersAndChange OÜ, Tallinn

Das Werk, einschließlich seiner Teile, ist urheberrechtlich geschützt. Jede Verwertung ist ohne Zustimmung des Verlages und des Autors unzulässig. Dies gilt insbesondere für die elektronische oder sonstige Vervielfältigung, Übersetzung, Verbreitung und öffentliche Zugänglichmachung.

Printed in Poland
by Amazon Fulfillment
Poland Sp. z o.o., Wrocław

72868488R00202